# 초등 아들 공부력

한 그루의 나무가 모여 푸른 숲을 이루듯이
청림의 책들은 삶을 풍요롭게 합니다.

# 초등 아들 공부력

## 스스로 학습으로 도약하는 비밀

박선이 지음

청림Life

프롤로그

# 아들 공부 고민 끝내는 비법

"문제 다 풀었어?"

"아니, 이제 조금 남았어."

그렇게 30분이 흘렀지만 아직도 첫 페이지입니다. 아이가 연필을 손에 쥐었다가 돌리며 공책 한구석에 이상한 낙서를 합니다. 그러다 책상 위에서 지우개를 장난삼아 굴리더니 갑자기 의자에서 미끄러져 내려와 바닥을 뒹굽니다. 초등 아들을 키우는 엄마라면 흔하게 본 장면이 아닐까요?

초등 시기 남자아이들은 일반적인 학습 패턴과는 다른 방식으로 세상을 배웁니다. 가만히 앉아있기보다는 움직이면서 배우는 걸 더 좋아합니다. 또 충동적으로 행동하며 관심 없는 일에는 집중을 유지하기 어려워합니다. 책을 읽기보다는 책장을 찢어 비행기를 접고, 연필로 문제를 풀기보다는 드럼 스틱처럼 쥐고 두드리는 게 더 익숙하죠. 초등 아들은 말로 설명을 듣는 것보다 눈으로 보고 손으로 직접 만져야 이해가 빠른 경우가 많습니다. 그러니 엄마가 단호하게 "앉아서 공부해!" 한다고 해서 말을 들을 리가 없습니다.

많은 책에서 '계획적으로 공부하는 습관을 길러야 한다', '집중력을 높일 수 있는 환경을 만들어야 한다'라고 이야기합니다. 하지만 공부를 시키면 화장실로 도망가고, 10분만 앉아있어도 기적인 상황에서 이런 조언은 현실과 거리가 먼 이야기일 뿐입니다. 저 또한 초등 형제를 키우면서 '아들을 위한 교육서는 따로 출간해야 한다'는 생각을 수없이 했습니다. 첫째가 중학생이 되기 전까지는 집에서 공부시키기가 쉽지 않았거든요. 아이를 책상 앞에 앉히려면 전쟁을 치러야 했고, 겨우 앉았다 싶으면 책에 그림을 그리는 등의 엉뚱한 행동만 하더라고요.

저는 두 아들과 여러 시행착오를 겪으며, 또 운영하는 초등 공부방에서 다양한 성향의 아이들을 직접 가르치며 '어떤 방식이 학습에 효과적인가?'를 자연스레 연구하게 되었습니다. 어떤 아이는 직접 손을 움직여서 배우는 게 중요했고, 어떤 아이는 놀이처럼 접근해야 몰입하는 모습을 보였습니다. 저는 많은 시행착오 끝에 단순히 이론적인 방법이 아니라 현실에서 적용 가능한 방법들을 찾아냈고, 그 노하우를 바탕으로 이 책을 쓰게 되었습니다.

초등 아들은 재미를 느낄 때 몰입도가 높아집니다. 학습을 게임처럼 만들면 적극적으로 참여하는 모습을 보여요. 연산 문제를 풀게 하면 지루해하지만, 주사위 놀이를 하면서 덧셈과 뺄셈의 개념을 알려주면 흥미로워합니다. 또 과학 법칙도 교과서의 설명을 읽는 것보다 실험을 하거나 몸으로 체험하면 오래 기억합니다. 집공부를 할 때는 초등 아들이 가진 이런 기질을 최대한 활용해야 합니다.

### 엄마도 함께 성장해야 합니다

이 과정에서 엄마도 달라져야 해요. 아이의 공부하는 방법을 바꿔주고 싶은 만큼 엄마의 태도와 접근 방식도 바뀌어야 합니다. '우리 애는 왜 이렇게 산만할까?', '다른 아이들은 잘만 하는데 우리 애만 왜 이럴까?' 하고 고민하는 엄마들이 많습니다. 하지만 중요한 건 우리 아이에게 맞는 방법을 찾는 것이지 다른 아이들과 비교하는 게 아닙니다. 엄마가 먼저 초등 아들의 기질을 이해하고 아이가 가진 강점을 발견해주는 것이 중요합니다.

저도 처음에는 천방지축 아들을 어떻게 공부시켜야 할지 막막했습니다. 그렇지만 아이에게 맞는 방식을 찾으려고 노력하는 과정에서 저 또한 성장할 수 있었어요. 저의 경험을 바탕으로 여러분께 실질적인 도움을 드리고 싶습니다.

### 작은 변화가 큰 차이를 만듭니다

완벽하지 않아도 괜찮아요. 하루아침에 기적 같은 변화가 일어나지는 않겠지만, 작은 성취를 차근차근 쌓아 나가다 보면 어느 순간 아이 스스로 책상에 앉아있는 모습을 발견할지도 모릅니다. 이 책은 초등 아들의 기질을 고려한 '실전 집공부 전략'을 담고 있습니다. 부모가 시켜서 억지로 하는 공부가 아니라, 아이가 자연스럽게 공부에 관심을 갖고 자기주도적으로 학습할 수 있는 방법을 소개하겠습니다. 강요가 아닌 흥미와 몰입을 끌어내는 법, 엄마도 지치지 않고 꾸준히 실천할 수 있는 현실적인 공부 습관 만들기를 제안할 것입니다.

그럼, 그 첫걸음을 함께 내디뎌 볼까요?

2025년 5월

아들 선배맘 박선이

차례

## 3장. 성공적인 집공부를 위한 기본 세팅

## 4장. 그대로 따라 하는 과목별 학습 포인트

## 5장. 집공부 방학 특강

많은 학부모의 공통된 숙제 중 하나는, 집에서 아이가 자발적으로 공부하게 만드는 것입니다. 하지만 에너지가 넘치는 초등학교 저학년 남자아이들은 집에 오면 공부보다는 놀이나 다른 활동에 더 쉽게 끌려 엄마의 깊은 한숨을 자아내죠. 그렇다고 해서 아들의 집공부가 불가능한 것은 결코 아닙니다. 대부분의 초등 남자아이가 신체 활동을 좋아하고, 한 가지에 오랜 시간 집중하는 것을 어려워한다는 기질을 고려하여, 자연스럽게 공부에 몰입할 수 있는 환경을 마련해 주면 됩니다.

1장에서는 초등 아들을 집에서 어떻게 효과적으로 공부하게 만들 수 있는지에 대한 구체적인 방법과 아이의 특성을 이해하고 이를 바탕으로 적절한 학습 환경을 조성하는 방법에 대해 다루고자 합니다. 남자아이 특유의 넘치는 에너지를 긍정적으로 활용하면서도, 자율적인 학습 습관을 길러줄 수 있는 전략들을 함께 살펴보겠습니다.

# 1장

# 초등 아들에게는 집공부가 필요합니다

# 아들의 6가지 특징

교사였던 20대 시절, 당시 저는 미혼이었지만 아들을 둔 엄마를 단번에 알아보는 능력이 있었습니다. 어떻게 금방 눈치를 챘을까요? 아주 간단합니다.

아들을 둔 엄마들의 목소리는 유독 크고 말투는 한층 단호하며 얼굴에는 늘 각오가 서려있었습니다. 더구나 면담 중 "선생님, 우리 애는 대체 왜 그런 걸까요?" 하고 깊은 한숨과 함께 눈물을 글썽이는 장면도 자주 볼 수 있었죠. 그 당시 저는 '아이들이 이것저것 만지고 장난치는 건 자연스러운 일인데, 왜 아들을 둔 엄마들은 항상 긴장하고 화가 나 있을까?' 하고 궁금해하곤 했습니다.

그렇게 시간이 흘러 아이들을 돌보며 하루하루 지내다 보니 점점 그 이유를 이해하게 되었습니다. 남자아이들은 하루 종일 에너지가 넘쳐서 가만히 있지를 못하고 여기저기 뛰어다니며 기상천외한 장난을 치곤 했습니다. 유명한 이야기책의 주인공이자 대표적인 개구쟁이 캐릭터인 '장난꾸러기 데니스'라는 별명을 가진 민수는 유독 장난이 심했습니다. 민수의 어머니께서는 저에게 이런 탄식을 남기셨죠.

"선생님, 우리 아이는 도대체 언제쯤 싸움 놀이를 멈출까요?"

그때 어머니의 표정이 아직도 생생하게 기억납니다. 이런 질문을 자주 받다 보니 동료 선생님들과 자연스럽게 이런 다짐도 하게 되더라고요.

"우리는 나중에 아들을 낳더라도 절대 화내지 말자!"

하지만 하늘은 제 다짐을 비웃기라도 하듯, 10여 년 후 저에게 연년생 아들 둘을 선물해 주었습니다. 그래도 저는 자신 있었습니다. 교사로서 쌓아온 경험이 있으니 '우아하고 여유로운 엄마'가 될 거라고 확신했어요. 그러나 현실은 냉혹했습니다. 아이 둘이 집안을 폭풍처럼 휘젓고 다니는 모습을 보며, 어느새 저는 복식 호흡으로 목청을 돋우는 '전형적인 아들 엄마'가 되어있었습니다. 그리고 깨달았습니다. 엄마가 이렇게 될 수밖에 없는 이유가 대다수의 남자아이들이 가진 6가지 특징 때문이라는 사실을 말이죠. 물론 모든 남자아이가 꼭 이런 특성을 지닌 것은 아닙니다. 활발하고 기운이 넘치는 아이라면 성별을 불문하고 충분히 이러한 특성을 가질 수 있습니다. 하지만 다년간의 교사 생활과 육아 경험을 통해 대다수의 남자아이들은 특유의 기질을 가지고 있다는 것을 파악할 수 있었습니다. 이제부터 그 특징을 하나씩 설명해 보겠습니다.

먼저 이 시기의 남자아이는 에너지가 아주 넘쳐납니다. 유치원 때보다 두세 배는 에너지가 많아진다고 해야 정확한 표현일까요? 이러한 특징은 신체 발달과 관련이 있습니다. 남자아이들은 활발하게 몸을 움직이며 성장하는데, 이는 신체가 건강하게 발달하기 위해 필수적인 과정입니다. 그래서 이 시기에는 "가만히 좀 있어!"라는 엄마의 호통은 사실 별 소용이 없습니다. 아이가 충분히 에너지를 발산할 수 있는 환경을 마련해 주는 것이 중요합니다. 야외에서 뛰어놀게 하거나 활발한 스포츠 활동으로 아이가 신체 에너지를 발산할 수 있도록 적극적으로 지원해 주세요. 공부 시간을 짧게 나누고 몸을 움직이며 배우는 방법을 활용하면 아이가 더욱 즐겁게 학습에 몰두할 것입니다. 남자아이들은 어느 정도 에너지를 발산한 후에야 공부에 집중할 수 있는 상태가 됩니다.

두 번째 특징은 초등 남자아이의 상상력이 매우 풍부하다는 것입니다. 아이가 혼자서 노는 모습을 본 적 있나요? 공룡이나 로봇을 가지고 상상의 세계에 빠져들고 가상의 친구와 대화하며 자신만의 이야기를 만드는 모습을 보입니다. 이러한 상상 놀이는 창의력과 문제 해결력을 키우고, 감정 표현과 사회적 기술을 연습할 수 있는 중요한 과정입니다. 아이는 상상 놀이를 통해 다양한 역할을 맡고 사회적 규칙을 배우며 공감 능력을 키우기 때문이죠. 그러니 '대체 왜 저렇게 혼자 떠들고 있는 거지?', '왜 똑같은 이야기를 반복하지?' 하며 답답해하지 마시고, 놀이에 참여하거나 이야기를 들어주세요. 그렇게 해주면 아이는 자신이 만든 상상의 세계를 인정받고 있다는 느낌을 가질 뿐만 아니라, 깊은 사고력을 기를 수 있습니다.

세 번째 특징은 남자아이들은 자신이 이해하는 규칙이라면 생각보다 잘 따른다는 것입니다. 저희 집 아이들로 예를 들어볼게요. 두 아들은 놀이터에만 가면 친구들과 야구를 하는데, 야구를 하러 가는 건지 언쟁을 하러 가는 건지 모를 정도로 아웃과 세이프를 두고 자주 다툽니다. 서로 유리한 쪽으로 규칙을 바꾸려고 말싸움에 열중하다 보니 정작 야구 경기는 거의 하지 못할 때도 있습니다. 이럴 때는 아이에게 스스로 규칙을 수정하거나 만들어볼 기회를 주는 것이 중요합니다. 규칙을 어떻게 개선할 수 있을지 함께 논의해 보는 것이죠. 이렇게 하면 아이는 규칙을 지키는 것이 억압이 아니라 놀이를 더 원활하게 진행하는 방법이라는 것을 깨닫습니다.

네 번째 특징, 남자아이들은 친구 관계를 아주 중요하게 여깁니다. 남자아이들에게 친구는 단순한 놀이 상대가 아니라 세상을 배우는 중요한 통로입니다. 아이들은 친구들과 놀고 의견을 나누며 사회성을 배우지만 많은 갈등도 겪습니다. 그럴 때는 "네가 그냥 참아"라는 말보다는 "어떤 점이 속상했어?" 하고 감정을 먼저 공감해 준 다음에 문제 해결법을 함께 찾아주는 것이 효과적입니다. 친구 관계에서 느끼는 어려움을 부모가 이해하고 지지해 주면 아이는 자신이 존중받고 있다는 느낌을 받으며 더 성숙한 사회적 관계를 형성해 나갈 수 있습니다.

다섯 번째 특징은 끝없는 호기심입니다. 남자아이들을 키우면서 가장 많이 듣게 되는 질문이 뭘까요? 바로 "왜?"입니다. 아침에 눈을

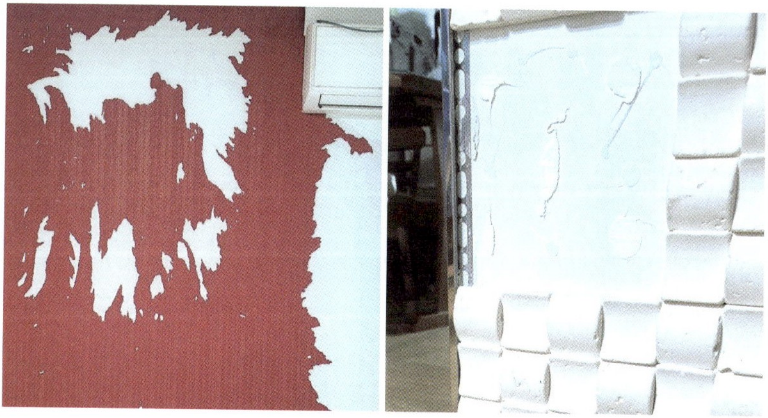

▲ 형제가 사는 우리 집의 모습

뜨는 순간부터 "왜 그러는데?", "왜 생겼어?", "누가 왜 그랬는데?" 하고 끊임없이 질문이 날아옵니다. 처음에는 "우와, 우리 아이가 참 호기심이 많구나!" 하며 흐뭇하게 바라봤습니다. 그런데 질문이 하루 종일 이어지면서 점점 머리가 지끈거리기 시작했어요. 어느 날은 아이가 "왜 하늘은 낮에는 파랗고, 밤에는 검은색이 되는 거야?"라고 물었습니다. 그 질문을 듣고 한참을 고민했고, 주말이 되자 아이와 함께 과학 박물관을 찾기로 했습니다. 빛과 색에 관한 전시를 함께 보면서, 아이의 호기심을 자연스럽게 풀어주고 싶었던 마음에서였죠. 과학 박물관에 간 아이는 직접 눈으로 보고 체험하면서 "아! 그래서 낮에는 하늘이 파란 거구나!" 하고 이해하는 모습을 보였습니다. 저는 이때 깨달았습니다. 아들에게는 '말로 설명하는 것'보다 '직접 경험하게 하는 것'이 훨씬 효과적이라는 사실을 말이죠. 질문이 많은 아들에게는 체험이 가장 좋은 대답이 될 수도 있습니다.

마지막 여섯 번째 특징은 공간 지각 능력이 뛰어나다는 것입니다. 그러다 보니 블록 쌓기나 레고 같은 놀이를 좋아하는 경우가 많습니다. 아직 어린아이일 때도 블록을 집어 들고 무언가를 만들기 시작하면 집중력이 폭발하는 모습을 보여줍니다.

"엄마, 이거 봐! 내가 만든 우주 기지야."

"이렇게 하면 성이 더 높아질 거 같아."

이런 말을 하는 아들을 보면 공간을 머릿속에서 자유롭게 조합하고 설계하는 능력이 뛰어나다는 것을 알 수 있습니다.

# 집공부가 아들에게 딱 맞는 이유

"엄마! 친구들이 나를 부러워한대!"

어느 날, 둘째 아들 시원이가 하교하자마자 현관에서 신발을 벗기도 전에 들뜬 목소리로 외쳤습니다. 얼굴에는 미소가 가득했고, 반짝이는 눈빛에는 신이 난 기색이 역력했습니다.

대체 친구들이 뭘 부러워한다는 건지 궁금해하던 찰나, 시원이가 설명을 덧붙였습니다. 그날 아이와 친구들은 방과 후에 다 같이 놀기로 약속하면서 자연스럽게 학원 이야기를 나누고 있었습니다.

"시원아, 너는 어디 학원 다녀? 학원 몇 시에 가?"

"난 학원 안 다녀. 그래서 언제든지 놀 수 있어."

"우와, 좋겠다. 나도 집에서 공부하고 싶다."

시원이는 학원에 다니지 않으면서도 스스로 공부를 잘해 나가고 있다는 것을 친구들이 인정해 주는 것 같아 무척 기뻤다고 합니다. 사실 저는 그때까지 가끔 불안한 마음이 들곤 했습니다. 시원이가 초등학교 3학년이 되면서 주변 친구들은 영어와 수학 학원에 다니기 시작했고, 저는 '과연 집에서 공부하는 것이 최선일까?' 하는 고민을 완전히 내려놓지 못하고 있었기 때문이죠. 하지만 친구들이 시원이를 부러워할 뿐만 아니라, 아이가 학습 면에서도 뒤처지지 않음을 인정한다는 말을 들으니, 제 선택이 틀리지 않았다는 확신이 들었습니다. 게다가 시원이는 학원에 다니지 않는 것을 오히려 자랑스러워하며 자신감을 갖고 있었습니다.

"난 학원 안 다니고 집에서 공부하는 게 더 좋아!"

아이의 모습을 보며 저는 집공부가 단순히 학원을 대체하는 것이 아니라, 아이에게 딱 맞는 하나의 학습 방식이 될 수 있음을 확인할 수 있었습니다.

그런데 돌이켜 보면, 처음부터 집공부가 아이에게 완벽하게 맞았던 것은 아니었습니다. 시원이는 활동적이고 새로운 자극에 쉽게 반응하는 아이였기에 의자에 앉아있다가도 금세 일어나 물건을 만지작거리거나 방 안을 뛰어다니기 일쑤였죠. 처음에는 그런 모습을 보며 걱정이 되었습니다.

'이렇게 산만해서 어떻게 공부를 할까?'

'혹시 ADHD는 아닐까?'

하지만 시간이 지나면서 저는 아이의 에너지를 있는 그대로 이해하게 되었고, 그것을 억제하기보다는 오히려 학습에 활용해야겠다는 생각이 들었습니다.

한번은 아이의 집중력을 높여주기 위해 짧은 학습과 휴식을 번갈아 해보자는 아이디어가 떠올랐습니다. 그날 저녁, 수학 문제를 풀던 시원이는 어느새 문제는 제쳐두고 연필을 손가락 사이에서 빙글빙글 돌리고 있었습니다. 집중력이 떨어졌다는 신호였죠. 이번에는 다르게 접근해 보기로 했습니다.

"10분 동안만 최대한 집중해서 문제를 풀자. 그런 다음에는 잠깐 쉬어도 돼."

시원이는 그 말을 듣고 10분 동안 문제 풀이에 집중했습니다. 그리고 쉬는 시간이 되자 방 안을 돌아다니며 몸을 움직이더니, 시간이 끝나자 다시 책상으로 돌아와 문제를 풀기 시작했습니다. 이 방법을 반복하자 아이는 이전보다 훨씬 빠르게 문제를 풀었고, 학습을 마친 후에도 기분이 좋아 보였습니다. 그 순간 저는 우리 아이에게는 조금 다른 방식의 공부가 필요하다는 것을 확신했습니다.

집공부의 가장 큰 장점은 아이의 성향, 공부 스타일, 그리고 학습 속도를 반영하여 '맞춤형 학습 환경'을 조성할 수 있다는 점입니다. 학원에서는 정해진 진도를 따라가야 하지만 집공부는 아이가 관심 있는 주제를 깊이 탐구할 수 있습니다. 역사 공부를 할 때 전쟁사에 큰 흥미를 보였던 첫째 주원이는 만약 학원에서 공부를 했다면 정해진 커리큘럼에 따라 학습해야 했을 겁니다. 반면에 집공부는 아이가 좋아하는 부분을 파고들어 공부하도록 도와줄 수 있습니다. 호기심은 학습의 가

▲ 휴식 시간을 끝내고 집중하는 두 아들

장 강력한 원동력이므로 아이가 흥미를 느끼는 부분을 깊이 탐구하도록 돕는 것이 가장 효과적인 학습 방법이죠.

집공부를 하면서 주원이가 시각적인 자료에 민감하게 반응한다는 점도 발견할 수 있었습니다. 저는 과학 수업을 할 때 함께 만든 포스터를 책상 앞에 걸어두고, 아이가 아침마다 보면서 스스로 학습 동기를 얻을 수 있게 해주었습니다. 또한 학습 진도를 차트로 시각화하여 아이가 직접 기록하게 했습니다. 그러자 아이가 큰 성취감을 느끼고 자신감을 가지는 모습을 보였습니다. 이처럼 집공부는 아이의 학습 스타일과 특성을 더 깊이 이해하고, 그에 맞는 방법으로 학습을 지도할 수 있습니다.

자기주도적 학습은 단순히 학업 성취도를 높이는 것을 넘어 아이의 자존감 향상에도 중요한 역할을 하죠. 스스로 목표를 설정하고 그것을 달성하기 위해 노력하는 과정에서 아이는 자신감을 얻게 됩니다.

'하나부터 열까지 내가 다 알려줘야 하는 건가?'

'요즘은 초등 수학도 어렵다는데 내가 무슨 수로 집공부를 하지?'

저는 부모님들이 이런 걱정으로 집공부를 주저하거나 큰 부담을 느끼지 않았으면 합니다. 집공부에서 부모는 조력자의 역할이면 충분합니다. 아이의 학습 여정을 함께하되, 궁극적으로는 아이가 스스로 학습의 길을 찾아갈 수 있도록 방향만 제시해 주세요.

# 집공부의 최종 목표는 자기주도 학습

앞서 강조했듯이, 집공부의 궁극적인 목표는 아이가 스스로 학습하는 능력을 기르는 것입니다. 이를 '자기주도 학습 능력'이라고 합니다. 자기주도 학습이란 아이가 학습 목표를 스스로 설정하고, 그 목표를 달성하기 위한 계획을 세운 뒤 이를 실행하고 평가하는 과정입니다. 이는 단순히 공부를 잘하는 데 그치는 것이 아니라, 아이가 자신의 삶을 주도적으로 설계하고 이끌어가는 데 중요한 기반이 됩니다. 따라서 초등 저학년 때부터 자기주도 학습 능력을 키우는 것은 매우 중요합니다.

처음 집공부를 시작했을 때, 아이들은 숙제를 할 때마다 "엄마, 이거 어떻게 해?" 하고 묻곤 했습니다. 처음에는 당연하게 옆에서 도와주었어요. 하지만 시간이 지나면서 아이들이 스스로 문제를 해결할 수 있도록 유도해야겠다는 생각이 들었습니다. 직접 정답을 알려주는 대신, 필요한 힌트를 주거나 해결 방법을 함께 고민했습니다. 이렇게 작은 과정들을 거치며 아이는 점점 스스로 문제를 해결하는 법을 배우고, 자연스럽게 자신감을 키워나갔습니다.

자기주도 학습에서 가장 중요한 것은 학습의 주도권이 아이에게 있어야 한다는 것입니다. 그러므로 부모가 아이 스스로 생각할 시간을 충분히 주고, 다음 계획을 세울 수 있도록 도와줘야 합니다. 이때 문제 수보다는 시간을 기준으로 계획을 세우도록 도와주는 것이 좋습니다. 또한 부모가 아이의 계획을 먼저 존중해야 아이가 스스로 책임감을 느낄 수 있습니다. 작은 목표부터 시작하여 점차 큰 목표로 나아갈 수 있도록 해주세요. 이렇게 스스로 세운 목표는 학습 동기를 높이면서 깊이 있는 학습 경험을 가능하게 합니다. 또 아이가 직접 목표를 세워보면서 자신이 무엇을 하고 싶은지, 어떤 주제에 흥미를 느끼는지를 탐색할 수도 있습니다.

목표를 설정한 후에는 이를 실천하기 위한 구체적인 계획을 세워야 합니다. 예를 들어, '매주 토요일마다 두 개의 실험을 진행하기' 같은 계획을 세울 수 있죠. 이렇게 하면 목표 달성을 위한 체계적인 학습 흐름이 만들어지고, 아이가 학습을 지속하는 과정에서 방향을 잃지 않을 수 있습니다.

목표를 향해 나아가는 동안 아이는 작은 성공을 경험하게 되는데, 이 성취감은 다시 학습에 대한 동기로 이어집니다. 처음에는 단순히 재미있어서 시작한 일이지만, 점점 '내가 스스로 계획한 일을 해냈다'

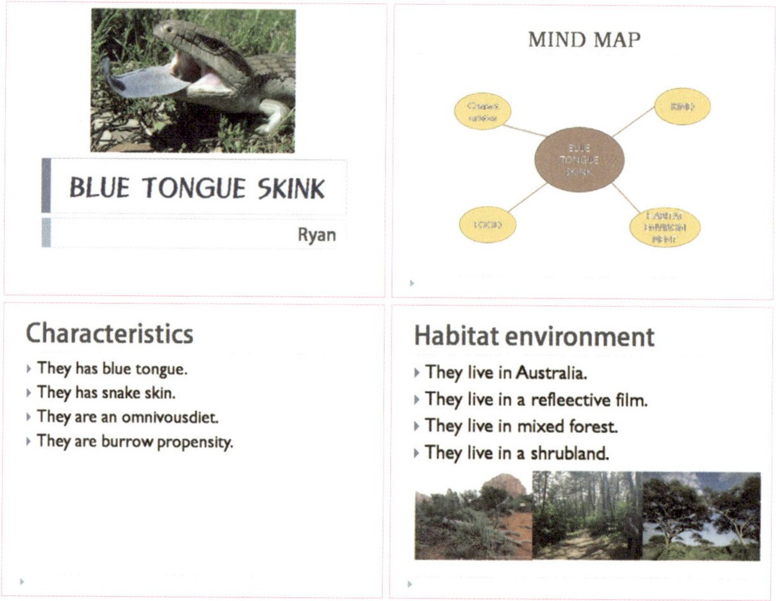


▲ 주원이가 만든 PPT

는 성취감을 얻는 것이죠. 이처럼 자기주도 학습은 아이의 자신감과 자존감을 높이는 데 중요한 역할을 합니다.

목표 설정은 구체적이고 실현 가능해야 합니다. 예를 들어 '과학 공부 열심히 하기'라는 목표와 '이번 주에 도마뱀에 대해 조사하고 주말에 가족 앞에서 발표하기'라는 목표 중에는 후자가 더 명확하고 실행 가능한 목표입니다. 해야 할 일을 구체적으로 이해할 수 있고, 이를 단계적으로 진행할 수 있도록 돕는 목표이기 때문입니다.

처음부터 아이 혼자서 목표를 설정하는 것은 불가능합니다. 따라서 초반에는 부모가 옆에서 가이드 역할을 해줘야 합니다. 정보를 카테고리별로 분류하도록 도와주거나, 목표를 작은 단계로 나누어 하나씩 해결해 나갈 수 있도록 도와주는 것입니다. 만약에 아이가 도마뱀에 대해 조사하여 발표하는 목표를 설정했다면, 이렇게 단계를 나누어 진행할 수 있습니다.

1단계: 도마뱀의 종류 및 특징 조사하기

2단계: 재미있는 사실 정리하기

3단계: 조사한 내용을 발표 자료로 만들기

4단계: 주말에 가족 앞에서 발표해 보기

이렇게 단계를 나누면 아이는 목표를 보다 쉽게 달성할 수 있게 됩니다. 또한, 발표 자료를 만들면서 중요한 내용을 요약하는 법을 익히고, 발표하는 경험을 통해 자신감을 기를 수 있죠. 이 모든 과정은 결국 아이가 '스스로' 학습을 계획하고 실행하는 길로 이르는 과정입니다. 그리고 이러한 자기주도 학습은 아이에게 맞는 학습 환경을 부모가 만들어주는 것에서 시작됩니다.

저학년과 고학년의 자기주도 학습은 다르게 접근해야 할 필요가 있습니다. 저학년 아이들은 아직 스스로 계획을 세우고 관리하는 능력이 부족하기 때문에, 부모의 적극적인 지원이 필요합니다. 이 시기의 아이들은 집중 시간이 짧아서 단순한 과제를 더 선호하기 때문에, 부모는 아이가 학습에 부담을 느끼지 않도록 주간 목표를 적절히 설정해 주어야 합니다. 예를 들어 '매일 20분 동안 책 읽기', '구구단 외우기'

같은 간단한 목표를 세우는 것입니다. 그날의 학습이 완료될 때마다 작은 보상을 제공해 보세요. 그럼 아이가 뿌듯함을 느끼면서 긍정적인 공부 정서를 가지게 됩니다.

Weekly Project Checklist

| Mon | Tue | Wen | Thu | Fri | Sat | Sun |
|---|---|---|---|---|---|---|
| □ 수학 2장 | □ 연산 1장 | □ 배움노트 | □ 연산 1장 | □ 수학2장 | □ 일기 | □ 원서 읽기 |
| □ 리딩 1쪽지 | □ 배움노트 | □ 자유 글쓰기 | □ 배움노트 | □ 배움노트 | □ 원서 읽기 | □ |
| □ 배움노트 | □ 리스닝 1쪽지 | □ 수학 2장 | □ 리스닝 1장 | □ 리딩 1쪽지 | □ 신문 읽기 | □ |
| □ 영어 TV | □ 영어 TV | □ 리딩 1쪽지 | □ 영어 TV | □ 영어 TV | □ | □ |
| □ 신문 읽기 | □ 신문 읽기 | □ 영어 TV | □ 신문 읽기 | □ 신문 읽기 | □ | □ |
| □ 수영 | □ | □ 신문 읽기 | □ | □ 수영 | □ | □ |
| □ | □ | □ 수영 | □ | □ | □ | □ |

▲ 저학년 주간 플래너의 예

Leo's Schedule

| | Mon | Tue | Wed | Thu | Fri | Week |
|---|---|---|---|---|---|---|
| 9:00~10:00 | □ voca<br>□ Reading | □ voca<br>□ Reading | □ voca<br>□ Reading | □ voca<br>□ Reading | □ voca test<br>□ Reading | □ 혼공 test<br>□ Review |
| 10:00~12:00 | □ 빠작<br>□ 독서 1시간 | □ 글쓰기<br>□ 독서 1시간 | □ 빠작<br>□ 독서 1시간 | □ 독후감<br>□ 독서 1시간 | □ 빠작<br>□ 독서 1시간 | □ 원서 읽기<br>□ 일기 |
| 12: 00~2:00 | 점심식사 & 휴식 | | | | | |
| 2:00~2:00 | □ 연산 1쪽<br>□ 수학 2장 | □ 연산 1쪽<br>□ 수학 2장 | □ 연산 1쪽<br>□ 수학 2장 | □ 연산 1쪽<br>□ 수학 2장 | □ 연산 1쪽<br>□ 수학 2장 | **□ 보충** |
| 4:00~6:00 | □ 자유시간 | | | | | |
| 6:00~7:30 | □ 합기도 | | | | | |
| 7:30~8:30 | □ 저녁식사 & 영어TV | | | | | |
| 8:30~9:30 | □ 자유 시간 | □ 자유 시간 | □ Naonow<br>□ 자유 시간 | □ 자유 시간 | □ 자유 시간 | |
| 10:00~ | 가방 정리 및 취침 | | | | | |

▲ 고학년 주간 플래너의 예

반면, 고학년 아이들은 점차 스스로 계획을 세우고 관리하는 능력을 길러야 하므로, 과목별로 구체적인 학습 목표를 설정하고 각 과목에 필요한 시간을 배분하게 합니다. 이 시기에는 주간 또는 월간 계획을 세우고, 학습 후 스스로 성과를 평가하는 것이 중요합니다. 그러므로 '수학 심화 문제 10문제 풀기', '과학 실험 보고서 작성' 같은 구체적인 목표를 설정함으로써 아이가 학습의 진척을 스스로 평가하고 개선할 수 있도록 합니다. 학습이 끝난 후에는 공부한 내용을 칠판에 적어 요약해 보게 하거나, 스케치북에 주요 개념을 정리하게 하여 아이가 학습 내용을 다시 정리하고 되돌아볼 수 있도록 합니다.

이 모든 과정에서 부모는 아이의 노력을 긍정적으로 평가해야 하고, 추가적인 도움을 제공할 때도 아이의 자율성을 존중해야 합니다. 글씨가 엉성하거나 분량이 부족하더라도 그 점을 지적하기보다는, 오늘 세운 계획을 끝까지 해냈다는 점을 칭찬해 주세요. 부모의 적극적인 지원과 긍정적인 피드백은 자기주도 학습의 중요한 동력입니다. 그러니 작은 성취도 구체적으로 칭찬해 주세요. 과학 실험을 성공적으로 마쳤다면, "잘했어"라고 말하는 대신, "직접 실험 계획을 세우고 문제를 해결했다니 정말 대단해!", "이번 주에 목표한 분량을 다 풀었구나! 정말 대단해! 얼마나 열심히 했는지 엄마는 다 알고 있어" 하고 구체적인 성취를 인정해 줍니다. 이러한 칭찬은 아이가 자신감을 가지고 다음 학습에 도전할 수 있도록 동기를 부여합니다.

자기주도 학습은 아이가 자신의 학습을 스스로 계획하고 관리하며, 평가하고 개선해 나가는 능력을 키우는 최적의 방법입니다. 아이의 학습 여정을 지지하고 필요한 도움을 제공하는 조력자 역할을 잘 수행해 주세요. 아이가 작은 성취를 이룰 때마다 그 성취를 인정하고 칭찬해 주고, 아이가 어려움을 겪을 때는 함께 해결 방법을 찾아보고 아이가 문제를 해결할 수 있도록 격려해 주세요. 이러한 과정을 통해 아이는 단순히 학습 능력을 향상시키는 것에 그치지 않고, 앞으로의 인생에서 큰 자산이 될 중요한 능력들을 얻게 됩니다.

# 칭찬과 보상은 필수

초등학생 아들을 키우고 있다면, 아이가 집에서 꾸준히 공부하도록 돕는 일이 얼마나 어려운지 이미 잘 알고 있을 것입니다. 특히 남자아이들은 지루함을 쉽게 느끼고, 부모가 아무리 노력해도 금방 딴짓을 하곤 하죠.

저희 아이들도 예외는 아니었습니다. 처음 집공부를 시작했을 때, 주원이는 자주 "엄마, 공부 너무 힘들어요", "그냥 게임하면 안 돼요?", "놀이터 갔다 와서 하면 안 돼요?" 하며 공부보다는 다른 활동에 관심을 보이곤 했습니다. 사실 그럴 때마다 저도 고민이 많았습니다. '이렇게 계속 거부하면 어쩌지? 너무 강요하면 공부가 더 싫어지는 거 아닐까?' 하고 말이죠.

하지만 한 가지 확신이 있었습니다. 학습을 지치지 않고 꾸준히 이어가려면, 아이가 공부를 '해야 한다'는 부담보다는 공부를 하면 '좋은 일이 생긴다'는 경험을 더 많이 해야 한다는 것이었습니다. 그래서 다양한 방법을 시도했고, 그중 가장 효과적이었던 것이 바로 '칭찬과 보상'이었습니다. 부모 입장에서는 공부를 하는 것 자체가 중요하지, 보상까지 해줘야 되나 생각이 들 수도 있지만, 아이에게는 작은 성취로 뿌듯한 경험을 쌓아주는 것이 중요합니다.

아들 전문가로 유명한 최민준 소장은 산만한 남자아이를 지도할 때 꼭 이렇게 말한다고 합니다.

"넌 이것 때문에 잘될 거야. 봐봐, 주변에는 농사꾼뿐이야. 다들 가만히 앉아서 무언가 쓰거나 읽고 있지? 근데 너는 뭐야? 너만 사냥꾼 유전자야. 너만 선조들에게 물려받은 유전자를 갖고 살아가는 거야. 그래서 넌 이것 때문에 분명 잘될 거야. 그런데 이것이 빛을 발하려면 보완해야 되는 점도 있지."

이 말이 참 인상적이지 않나요? 아이의 성향을 바꾸려 하기보다는 있는 그대로 인정하고 존중하는 것, 그리고 아이가 가진 장점을 극대화할 수 있도록 돕는 것이 중요하다는 것을 알려주기 때문입니다.

저는 아이들이 학습 목표를 달성할 때마다 스티커를 붙이는 '칭찬 스티커판'을 사용합니다. 처음에 아이들은 이 시스템에 크게 흥미를 보이지 않았습니다. 하지만 시간이 지나면서 스티커가 하나둘씩 채워지는 것을 보며 점점 성취감을 느끼기 시작했어요. 저는 목표한 만큼 스티커가 모이면 간식이나 작은 장난감을 선물로 주었고, 때로는 아이가 좋아하는 영화 관람이나 가족과의 나들이 같은 보상을 제공하기도 했습니다. 이러한 보상은 아이가 학습을 통해 긍정적인 경험을 쌓도록 돕고, 자신의 노력이 가치 있다는 느낌을 갖게 합니다. 이때 보상이 꼭 물질적인 것이어야 할까요? 저는 '정서적인 보상'도 충분히 효과가 있다고 말하고 싶습니다. 공부 끝나고 같이 공원에 산책 가기, 아이가 좋아하는 간식을 같이 만들기 등의 보상은 '공부가 끝나면 엄마, 아빠와 함께하는 좋은 시간이 있다'는 기대감을 만들어줍니다.

가족과 함께하는 시간은 큰 힘을 가지고 있습니다. 가족이 아이의 학습 활동에 참여하면, 아이는 공부를 단순한 의무가 아닌 즐거운 경험으로 느낄 수 있습니다. 저희는 매일 저녁 7시가 되면 가족이 함께 모여 독서 시간을 갖습니다. 각자 읽고 싶은 책을 읽은 후, 책에 대한 생각을 나누고, 가장 인상 깊었던 부분을 이야기하는 시간입니다. 책을 다 읽고 나서는 포스트잇에 추천하는 이유를 써서 표지에 붙이고 가족 중 누군가에게 추천해 보기도 합니다. 이러한 활동을 통해 아이

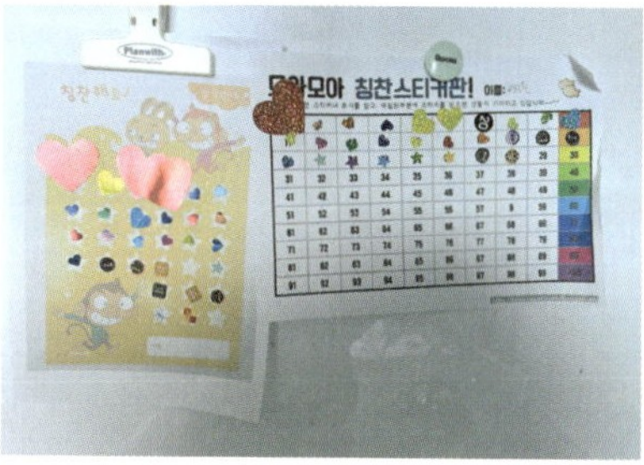

▲ 형제가 각자 만들어 쓰고 있는 칭찬 스티커판과 쿠폰함

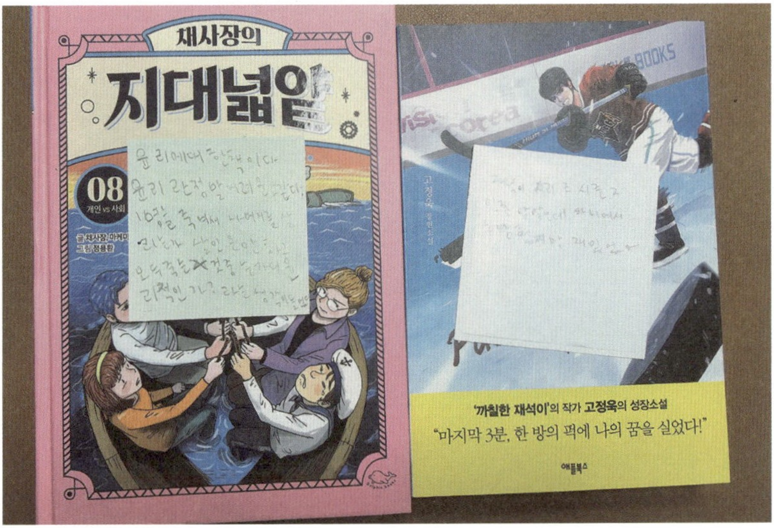


▲ 책에 서평을 붙여 다른 사람에게 추천하기

들은 책 읽기를 가족과 함께하는 즐거운 경험으로 여기게 되었습니다.

비교적 시간이 많은 주말에는 가족 모두가 함께할 수 있는 과학 실험이나 역사 탐방 같은 활동을 계획합니다. 공원에서 식물의 성장 과정을 관찰하고 기록하거나, 박물관을 방문하여 유물을 직접 보는 등의 활동은 아이가 학습을 놀이처럼 받아들이게 하며, 자연스럽게 호기심을 자극하고 학습에 대한 흥미를 유지하도록 도와줍니다. 또한, 부모와 함께하는 이 시간들은 학습에 대한 동기부여를 더욱 강화하는 데 큰 도움이 됩니다.

집에서 효과적으로 공부를 하기 위해서는 몸과 마음이 모두 준비된 상태여야 합니다. 학교에서 오랫동안 책상에 앉아있었다면, 집에 돌아와서는 신체적으로나 정신적으로 새로운 환경에 적응할 시간이 필요합니다. 준비 없이 바로 공부를 시작하면 아이는 집중력을 잃고, 학습에 대한 거부감을 느낄 수도 있습니다.
앞서 언급했듯이 초등학교 남자아이들은 에너지가 넘치고, 신체 활동을 통해 스트레스를 해소하며 집중력을 높이는 경향이 있습니다. 따라서 집공부를 본격적으로 시작하기 전에 아이의 에너지를 긍정적으로 발산할 수 있는 '준비 운동'이 필요합니다. 간단한 신체 활동도 좋고 마음을 차분하게 만드는 활동도 좋습니다.
저는 아이들과 가벼운 스트레칭을 하거나 집 근처를 산책하면서 잠시 머리를 식히곤 했습니다. 공부를 시작하기 전에 오늘의 학습 계획을 세우고 공부할 내용을 간단히 점검하는 것도 중요한 준비 운동입니다. 오늘 할 공부를 미리 상의하고 정리해 두면, 아이가 무엇을 해야 하는지 명확히 알기에 심리적으로 준비가 되는 것이죠. 2장에서는 아들의 집공부를 위한 다양한 준비 운동을 살펴보겠습니다.

2장

# 집공부를 위한 준비 운동

# 공부-놀이-휴식의 균형 잡기

앞 장에서는 아들의 특성과 자기주도 학습의 중요성을 깊이 살펴보았습니다. 하지만 자기주도 학습이 집에서 성공적으로 자리 잡으려면 단순히 책상 앞에 앉아있는 것만으로는 부족합니다. '체계적인 일정 관리', '유연한 학습 환경', '학습-놀이-휴식의 조화'가 균형을 이루어야 합니다.

체계적인 일정은 아이와 부모가 각자의 일정을 소화하면서도 학습을 꾸준히 지속하기 위해 필요합니다. 저희 집의 경우 6학년인 주원이는 중학 과정 수학 학원과 합기도, 화상 영어 수업을 듣고 있으며, 4학년인 시원이는 합기도와 항공 드론 수업, 그리고 역시 화상 영어 수업에 참여하고 있습니다. 이렇게 일정이 가득 차있지만, 토요일은

'가족 체험의 날'로 정해 학습에서 벗어나 새로운 경험을 쌓는 시간을 꼭 가집니다. 이날은 단순히 휴식의 날이 아니라, 모두 함께 모여 새로운 경험을 쌓는 중요한 시간입니다. 또 아이에게 새로운 것을 배우는 재미를 알려줄 수 있는 기회입니다. 이런 경험이 쌓이면서 학습은 아이에게 의무보다는 삶의 일부분에 가까워집니다.

공부-놀이-휴식이 균형을 이루기 위해서는 시간 관리가 필수적입니다. 중요한 시험이나 과제가 있을 때는 방과 후 다른 활동보다 학습을 우선순위에 두고 배분하고, 그 외의 시간에는 휴식과 여가를 충분히 즐길 수 있도록 해야 합니다. 저는 가족들과 매주 일요일 저녁마다 '주간 계획 회의'를 합니다. 각자 그 주에 해야 할 일과 학습 목표를 공유한 후, 이를 토대로 가족들이 각자의 시간을 어떻게 배분할지 논의하는 자리입니다. 주원이는 주로 수학과 영어에서 심화 문제를 풀어

▲ 학습에 대한 흥미를 높여주는 다양한 경험들

야 할 때 이 회의를 통해 자신의 공부 시간을 계획합니다. 창의적인 활동을 선호하는 시원이는 드론 실습 시간과 과학 키트 실험을 충분히 확보하는 것에 중점을 두고 계획을 세웁니다. 스스로 체계적으로 시간을 관리할 기회를 주면 아이가 학습과 일정 사이에서 균형 잡는 연습을 할 수 있습니다.

만약 일정에 변동이 생길 때는 이를 유연하게 조정할 수도 있어야겠죠. 예를 들어 일정 변경이 가능한 화상 영어 수업의 경우에는 가족 여행이나 특별한 행사 일정이 생기면 수업을 미리 조정하거나 보강합니다. 그래야 아이가 학습과 여가 사이에서 스트레스를 받지 않습니다.

학습과 생활의 균형을 맞추는 것은 단순히 좋은 성적을 위한 것이 아닙니다. 아이에게 인생을 알차고 재밌게 살아가는 태도를 알려주는 것과 같습니다. 부모가 적극적으로 참여하고 유연한 학습 환경을 조성하며, 학습과 여가의 조화를 이룰 수 있도록 도와준다면 아이는 단지 현재의 학업 성취에 그치는 것이 아니라, 더 넓은 세상 속에서 자신의 길을 찾아가는 능력을 키우게 될 것입니다. 이 과정에서 부모의 역할은 단순한 지도자가 아닌 아이의 배움과 성장의 든든한 조력자입니다.

# 정보의 바다에서 알짜배기 정보를 수집하기

집공부를 시작할 때 부모가 가장 먼저 직면하는 어려움은 교재 선택입니다. 저 또한 어떤 책으로 시작해야 할지 막막했던 기억이 있습니다. 수학의 기초, 응용, 심화 과정을 명확하게 구분할 수 없고, 현행, 심화, 선행 학습의 개념이 혼란스러웠기 때문입니다. 엄마표 영어를 시도할 때도 마찬가지였습니다. 수많은 자료들 속에서 어떤 것이 우리 아이에게 적합한지 고민하느라 많은 시간을 허비했어요. 마치 끝없는 미로 속에서 길을 잃은 기분이었죠.

이런 혼란을 극복하기 위해 저는 초등 교육과 관련된 책을 읽기 시작했습니다. 그중에서도 이은경 선생님의 책이 저에게는 큰 도움이 되었습니다. 기본적인 초등 공부에 대한 명확한 로드맵을 제시하고, 아

▲ 이은경 선생님의 초등 교육 관련 도서들

이의 학습 수준에 맞는 교재를 선택하는 방법이나 교재별 특성을 비교하는 팁들을 알려주기 때문입니다. 책의 방법을 참고하면서 저는 단순히 교재를 찾는 것이 아니라, 아이의 학습 스타일에 맞는 교재를 선택하는 법을 터득할 수 있었습니다. 특히 위의 책들은 초등 교육의 기초를 다지고, 장기적인 학습 방향을 설정하는 데 많은 도움을 주므로, 어떤 교재를 선택해야 할지 고민된다면 이 책들을 먼저 읽어보길 추천합니다.

수학은 집공부를 할 때 특히 까다롭게 느껴지는 과목이죠. 많은 부모가 수학만큼은 학습지나 학원의 도움을 받기도 합니다. 하지만 초등

▲ 류승재 선생님의 수학 공부법 도서들

수학의 핵심 개념을 쉽게 알려주고 체계적인 지도법을 소개하는 좋은 책들이 있습니다. 저에게는 류승재 선생님의 책이 수학 집공부의 나침반이 되어주었습니다. 학년별 수학 개념을 구체적으로 정리해 준 덕택에, 아이에게 적합한 학습 순서와 교재를 선택할 수 있었습니다. 그러다 보니 두 아들의 수학 집공부에서 막히는 부분이 있을 때마다 류승재 선생님의 책들을 참고해 구체적인 해결책을 찾곤 했습니다. 그러자 수학은 저에게도 더 이상 막연한 두려움이 아닌 도전할 수 있는 과제가 되었습니다.《열려라 초등수학》은 참고서인데요. 이 책은 단원별로 개념을 정리하고 아이가 직접 설명하는 문제가 있어 수학 개념을 완전히 이해하고 응용할 수 있도록 도와줍니다.

책을 통해 초등 교육의 기반을 다질 수 있지만, 변화하는 교육 트렌드와 아이의 관심사를 반영하기 위해서는 최신 정보를 꾸준히 업데이트해야 합니다. 저는 SNS와 네이버 카페 등을 활용해 최신 정보를 수집했습니다. 특히 아이들이 읽기 좋은 책을 찾을 때는 인스타그램

해시태그를 적극 활용했습니다. #초등독서, #초등추천도서, #초등원서읽기 같은 해시태그로 유용한 정보를 찾아보세요. SNS를 활용하면 집공부를 하는 부모들의 생생한 경험담을 빠르게 접할 수 있고, 교육 전문가나 교사들이 추천하는 다양한 도서를 참고할 수 있습니다.

사실 가장 중요한 것은 방대한 정보 자체보다 그 정보를 실제 학습에 어떻게 적용하느냐입니다. 부모 세대와 달리 오늘날의 아이들은 온라인 학습 환경에 익숙합니다. 그런 다양한 학습 자원을 적극적으로 활용해 아이의 흥미를 유발하고 지속적인 학습을 유도해 보세요. 저는 아이들이 수학, 과학을 재미있는 게임처럼 느낄 수 있도록 교육용 어플(ebs math, 알지오매스, 암기고래, 팩토 사이언스 등)을 자주 활용합니다. 중요한 것은 부모가 어떤 자료를 선택하고, 어떻게 활용할지 전략적으로 계획하는 것입니다. 수많은 정보와 팁들을 어떻게 효과적으로 활용할 것인지는 부모의 몫이에요

저는 주간 학습 계획을 세울 때 각종 카페, 블로그, 유튜브에서 얻은 유용한 정보를 적극적으로 활용했습니다. 이때 많은 자료 중에서 아이가 가장 재미있어하고 흥미를 느낄 만한 것부터 적용해 보는 것이 중요합니다.  실제로 제가 참고했던 유익한 채널들을 소개합니다.

카페에서 얻은 정보들은 단순한 참고자료가 아니라, 실제 적용 가능한 실천법으로 이어졌습니다. 예를 들어, 저는 상위 '1% 카페'를 통해 공부 습관을 잡으려면 일정한 시간에 학습하는 것이 중요하며, 아이가 직접 목표를 설정하고 성취도를 체크하도록 유도하는 것이 효과적이라는 팁을 얻었습니다. 그리고 이를 적용하기 위해 아이와 함께

## 카페

| | |
|---|---|
| **공부머리 독서법** | 독서법과 학습법을 공유하는 부모들의 커뮤니티로, 다양한 학습 자료와 팁을 얻을 수 있습니다. |
| **도치맘카페** | 초등학생 자녀를 둔 부모들이 교육 정보를 나누는 공간으로, 실생활에서 적용할 수 있는 다양한 학습 아이디어가 있습니다. |
| **상위 1% 카페** | 상위권 학습법을 공유하는 곳으로, 자녀의 학습 습관 형성에 도움이 되는 구체적인 자료를 확인할 수 있습니다. |
| **기출비** | 기출문제를 중심으로 학습 자료와 시험 대비법을 공유하는 곳으로, 시험 준비 기간에 특히 도움이 되는 카페입니다. |

## 블로그

| | |
|---|---|
| **행공신**<br>(행복한 공부의 신) | 집공부 노하우를 자세히 소개해 주며, 실질적인 학습 전략을 제공하는 블로그입니다. 저는 이 블로그에서 제안한 방식으로 주간 학습 계획을 세우고 실천하는 습관을 들였습니다. |
| **따스의 교육이야기** | 영어 교육과 관련된 유용한 정보를 알려줍니다. 영어책 선정과 공부법에 도움을 받을 수 있습니다. |
| **해라비와 함성**<br>(함께 성장) | 다양한 학습법을 아이에게 적용하고 그 과정에서 겪은 경험을 기록한 블로그로, 구체적이고 실질적인 집공부 팁을 얻을 수 있습니다. |
| **집공부전문가, 현직 고등교사의 디테일학습법** | 초등부터 고등까지의 학습법을 체계적으로 정리해 주는 블로그로, 주간 학습 계획 수립에 큰 도움을 받을 수 있습니다. |

## 유튜브 채널

| | |
|---|---|
| 김원장's 골라줄게 영어책 | 영어책 선택에 어려움을 겪고 있을 때 큰 도움을 받은 채널입니다. 김원장의 추천에 따라 단계별로 아이에게 맞는 영어책을 고를 수 있습니다. |
| 슬기로운초등생활 | 초등학생을 위한 다양한 학습 자료와 공부법을 소개하며, 이를 통해 아이의 학습 스타일에 맞는 교재를 찾고 활용할 수 있습니다. |
| 공부머리수학법 | 수학 학습에 대한 구체적인 정보를 얻고, 이를 적용하는 방법을 쉽게 배울 수 있습니다. |
| 교육대기자TV | 교육 관련 다양한 정보를 제공하며, 아이의 학습 방향을 잡아주는 데 유익한 채널입니다. |

주간 학습 계획표를 만들었어요.

먼저 월요일부터 금요일까지 매일 30분씩 공부하는 시간을 정해두고 주말에는 복습 시간을 배치했습니다. 또한, 아이가 스스로 목표를 정하도록 유도하기 위해 학습 계획표에 '오늘 공부할 것'과 '공부 후 성취도 체크' 칸을 만들었습니다. 오늘 공부할 것은 국어 2쪽을 읽고 핵심 내용 정리하기, 수학 문제집 2쪽을 풀고 풀이 과정 설명하기 등 최대한 구체적으로 적게 했습니다. 이렇게 매일 공부한 후 스스로 성취도를 체크할 때는 완벽하게 이해함(∨), 조금 어려움(△), 복습 필요(×) 같은 간단한 표시를 사용했습니다.

블로그에서 얻은 정보를 바탕으로는 자녀의 학습 스타일에 맞춘 교재 선택과 학습 계획을 세워 나갔습니다. 예를 들어 '따스의 교육이야기'에서 소개한 영어책들을 아이와 함께 선택하여 듣거나 읽었고, 그 과정에서 아이가 흥미를 느끼는 주제에 맞춰 학습을 확장했어요. 이러한 방식은 아이가 영어 학습을 자연스럽게 받아들이도록 돕고, 점차 더 높은 수준의 영어책을 읽는 좋은 습관으로 이어지게 했습니다.

정보력은 집공부의 성공을 좌우하는 핵심 요소라고 할 수 있습니다. 책을 통해 기초를 다진 뒤, SNS와 유튜브 채널을 통해 최신 정보를 지속적으로 업데이트하며 아이의 학습 스타일에 맞게 적용해 보길 바랍니다.

# 체험으로
# 학습을 확장하기

체험학습은 집공부에서 아주 중요합니다. 단순히 책상 앞에서 이론을 배우는 것을 넘어, 아이가 경험을 통해 학습을 확장할 수 있기 때문입니다. 박물관이나 과학관에서 아이는 교과서로만 접했던 내용을 직접 눈으로 보고 손으로 만지며, 오감으로 학습할 수 있습니다. 예를 들어 역사박물관에서 중요한 역사적 순간을 직접 보고 경험하거나, 과학관에서 실험을 통해 과학적 원리를 몸소 체험하고, 자연 속에서 환경 탐구를 하면서 생태계를 이해하는 등 체험학습을 통해 아이는 학습을 흥미로운 탐험으로 받아들이게 됩니다.

체험학습으로 어디를 가야 할지 모르겠다면, 지자체에서 운영하는 도서관에서 진행하는 문화 행사나 교육 프로그램, 박물관 방문, 지역 교육청에서 주최하는 강연 등을 알아보면 좋습니다. 이러한 프로그램들은 어린이들이 관심을 가질 법한 주제를 선정하는 경우가 많으므로 아이가 흥미롭게 참여할 것입니다.

체험학습이 효과적으로 이루어지기 위해서는 단순히 장소를 방문하는 것만으로는 충분하지 않습니다. 효과를 극대화하려면 사전 준비와 체험, 사후 정리까지 체계적으로 진행하는 것이 중요합니다. "이번에 박물관에 가면 중세 유럽의 역사적 사건을 잘 알아보자" 하고 목표를 세워야 부모가 그것을 중심으로 체험학습을 이끌어갈 수 있습니다. 아이 또한 목표에 집중할 수 있고 성취감도 느낄 수 있죠. 이렇게 명확한 학습 목표는 체험학습의 질을 높여줍니다.

장소를 방문하기 전에는 관련된 학습을 진행하는 것이 좋습니다. 과학관에 가기 전에는 과학 실험과 관련된 동영상을 시청할 수 있고, 박물관에 가기 전에는 진행 중인 전시와 관련된 책을 읽을 수 있습니다. 이렇게 어느 정도의 배경지식이 있을 때 체험학습은 훨씬 효과적입니다. 아이가 최소한의 지식을 가지고 있기에 집중력을 유지할 수 있으며, 자신이 배운 지식을 실제로 어떻게 적용하는지 터득할 수 있습니다. 저는 아이들에게 물리 실험과 관련된 동영상을 보여준 다음에 국립과천과학관에 방문했습니다. 그러자 아이들은 영상으로 보았던 실험이 과학관에서 실제로 어떻게 이루어지는지를 확인하면서 눈을 반짝였습니다. 역시 아는 만큼 보이는 법이죠. 주원이는 이 경험을 통해 실험에서 말하고자 하는 물리 법칙을 더욱 깊게 이해할 수 있었습니다.

체험학습을 다녀온 뒤에는 아이와 함께 그날 배운 내용을 정리하고, 느낀 점이나 새롭게 알게 된 사실에 대해 이야기하는 시간을 가져 보세요. 박물관에서 본 역사적 사건에 대해 추가적인 자료를 함께 찾아보거나, 과학관에서 본 실험을 집에서 다시 해볼 수 있습니다. 이렇게 배운 것을 복습하고 확장하면 학습 효과는 몇 배로 커집니다.

체험학습이 효과적으로 자리 잡기 위해서는 일회성 이벤트가 아

▲ 다양한 직업 체험을 할 수 있는 '한국잡월드'

니라 지속적인 루틴으로 이어져야 합니다. 주기적으로 체험학습 일정을 세우고, 매번 다른 주제와 목표를 설정해 아이가 지속적으로 새로운 학습 경험을 쌓아가도록 도와주세요. 매달 특정 주제를 정하고 그와 관련된 장소를 방문하는 것도 좋습니다. 또 관련된 교과 내용을 함께 공부하는 방식으로 체험학습과 교과서를 연결시킬 수도 있습니다. 체험학습 일정을 계획할 때, 사전 준비부터 사후 정리까지 모든 과정을 하나의 학습 프로젝트로 생각해 보세요. 하나의 루틴으로 만들어놓으면 체험학습이 번거로운 활동으로 여겨지지 않고, 학습의 일부로 자리 잡혀 잘 활용할 수 있게 됩니다.

매달 주제별로 체험학습을 계획하는 것도 좋은 방법입니다. 과학의 달에는 과학관을 방문하고, 환경의 달에는 자연 탐방을 가는 등 주제를 정하고, 그와 관련된 체험학습을 떠나보는 것입니다. 그럼 아이는 매달 새로운 경험을 할 수 있고, 그 경험들이 자연스럽게 좋은 공부 감정으로 연결됩니다. 국립과천과학관의 인스타그램 계정을 팔로우하면 최신 과학 체험 프로그램과 전시 정보를 빠르게 확인할 수 있습니다. 또 서울시 공공서비스예약을 통해 국립중앙박물관의 특별 전시나 서울시립과학관의 과학 교육 프로그램을 미리 예약할 수 있으니 참고하세요.

체험학습은 단순한 이벤트가 아닙니다. 아이들이 직접 보고 느끼고 경험하면서 교과서 속 지식을 실생활로 연결시킬 수 있는 기회입니다. 이를 통해 학습에 대한 흥미를 지속적으로 유지할 수 있죠. 잘 계획된 체험 학습은 단발성 이벤트로 끝나지 않고 꾸준한 학습 과정으로

### 체험학습에 활용할 수 있는 유용한 웹사이트

| | |
|---|---|
| 서울시 공공서비스예약 | 역사 체험, 과학 실험, 문화 체험 프로그램을 예약할 수 있는 사이트입니다. |
| 국립중앙박물관 | 다양한 전시와 체험 프로그램 정보를 제공합니다. |
| 서울특별시교육청 도서관 | 서울시 내 도서관의 문화행사와 프로그램 정보를 확인할 수 있습니다. |
| 국립과천과학관 | 과학 체험 프로그램과 전시 정보를 제공합니다. |
| 서울시립과학관 | 다양한 과학 교육 프로그램을 확인할 수 있습니다. |

기능할 수 있습니다. 체험학습이 익숙해진 뒤에는 아이에게 체험학습 장소, 학습 목표 등에 선택권을 주고, 스스로 주도적으로 계획을 세우도록 유도해 보세요. 아이와 함께 새로운 배움을 경험하고 학습을 더욱 재미있고 의미 있는 과정으로 만들어가는 것, 그것이 바로 체험학습의 핵심입니다.

# 산만함을 이기는 정신력 키우기 비법

아들을 키우다 보면 집중력 부족과 산만함 때문에 고민하는 순간이 참 많습니다. 숙제를 하다가 갑자기 엉뚱한 이야기를 꺼내거나, 학습을 시작한 지 5분도 안 됐는데 자리에서 벌떡 일어나기도 하죠. 부모 입장에서는 '어떻게 하면 집중력을 키워줄 수 있을까?' 하고 늘 고민입니다. 하지만 이 산만함을 억제하려고 하면 오히려 반항심만 불러일으킬 수 있습니다. 중요한 것은 '아들의 산만함'을 '학습의 동력'으로 전환하는 방법을 찾는 것입니다. 저 또한 처음에는 아이가 학습에 집중하지 못하거나 성적이 떨어질 때마다 마음이 급해졌습니다. SNS 속 아이들과 비교하며 '다른 아이들은 쉽게 해내는데, 왜 우리 아이만 이렇게 힘들어할까?', '혹시 학습 속도가 느린 건 아닐까?' 하는 고민도

했었죠.

그러나 시간이 지나면서 아이의 산만함을 다르게 보기 시작했습니다. 저처럼 산만한 아들 때문에 어려움을 겪는 아들맘이 많다는 것을 알게 되었고, 중요한 것은 우리 아이만의 학습 속도와 방식을 존중하는 것임을 깨달았기 때문입니다. 다른 아이들의 성과에 흔들리지 않고, 우리 아이가 가는 길은 다르다는 것을 받아들이는 자세가 필요했습니다. 아이에게 필요한 학습 환경과 지원이 무엇인지 고민하는 것이 제가 할 일이었죠.

산만한 기질을 가진 아들에게 가장 효과적인 학습법 중 하나는 짧은 집중 세션과 휴식을 반복하는 것입니다. 이를 '포모도로 기법'이라고 합니다. 25분간 집중하고 5분간 쉬는 사이클을 주로 4회 반복합니다. 포모도로 기법을 적용하면 학습 시간을 적절히 분배할 수 있고, 짧은 시간만 집중하면 되니 산만한 아이도 부담 없이 학습에 몰입할 수 있습니다. 휴식 시간에는 가벼운 움직임이나 놀이를 통해 에너지를 풀어준 후 다시 집중할 수 있도록 도와주면 좋습니다. 포모도로 기법은 제가 운영하는 공부방에 처음으로 아이가 들어왔을 때 자주 활용하는 기법이기도 합니다. 짧은 집중과 휴식의 반복은 산만한 아이의 집중력을 높일 뿐 아니라, 처음 책상 앞에 앉는 것이 어려운 아이들에게 학습에 대한 부담을 줄여주는 효과가 큽니다.

또 시시각각 다양한 것에 호기심을 느끼고 탐구하는 아이의 에너지를 학습으로 연결할 수도 있습니다. 수학 문제를 풀 때마다 신체 활동을 추가하거나, 영어 단어를 외울 때 동작을 함께하는 방법이 있습니다.

또한 시시각각 다양한 것에 호기심을 느끼고 탐구하는 아이의 에너지를 학습으로 연결할 수도 있습니다. 수학 문제를 풀 때마다 신체 활동을 추가하거나, 영어 단어를 외울 때 동작을 함께하는 방법이 있습니다. 예를 들어 아이가 덧셈이나 곱셈 문제를 풀 때, 정답을 맞히면 한 번씩 점프하게 하거나, 공을 튀기면서 답을 말하도록 유도할 수 있습니다. 이렇게 하면 대부분의 남자아이가 단순히 앉아서 문제를 푸는 것보다 더 깊이 몰입하는 모습을 보입니다. 저는 시원이와 한자를 외울 때 이런 방법도 활용했습니다. 예를 들어 問(물을 문)을 외운다면 "문(門)에 입(口)을 대고 큰 소리로 물어보자" 하고 그 뜻을 몸으로 표현해 보는 것이죠. 이렇게 하면 아이들은 더 적극적으로 학습에 참여하고 배운 것을 오랫동안 기억합니다.

아이의 시선을 사로잡을 수 있도록 시각적 학습 도구를 활용하는 것도 좋은 방법입니다. 플래시 카드, 학습 어플, 포스터 등을 활용하면 정보를 다양한 방식으로 기억하게 만들 수 있습니다. 저는 식탁에 한국사 연대표 포스터를 붙여두고 아이가 문제를 풀 때 참고하게 했습니다. 그러자 아이는 식사를 하다가도 포스터를 보면서 인물과 사건에 집중하는 모습을 보였습니다.

또 산만한 아이들은 목표가 막연하면 더욱 집중하기 어려워하므로 그날 해야 할 일을 명확하게 정리해야 합니다. 이때 스터디 플래너나 체크리스트를 사용해 목표를 가시화하는 것은 아주 좋은 방법입니다. 아이가 스터디 플래너에 체크 표시를 하고 그날그날 해야 할 일, 해

▲ 세계 지도를 이용해 사회 시간에 배운 대륙을 찾아보기

낸 것을 눈으로 확인하면 성취감을 느낄 수 있습니다. 다양한 시각적 학습 도구에 관해서는 3장에서 더 자세히 설명하도록 하겠습니다.

아이의 산만함을 다루는 과정에서 부모가 기억해야 할 가장 중요한 것은 아이는 실수를 통해 배운다는 것입니다. 그러므로 실수를 지적하거나, 즉시 옆에서 문제를 해결해 주는 것보다는 아이가 스스로 그 실수를 인식하고 해결책을 찾도록 기다려주세요. 그래야 아이가 실패를 두려워하지 않고 계속해서 도전할 수 있는 태도를 갖추게 됩니다. 산만한 기질은 남자아이뿐만 아니라 대부분의 아이들이 어느 정도는 가지고 있는 자연스러운 성향입니다. 성장하며 점차 나아지기 위해서 필요한 것은 부모의 단단한 지지와 존중하는 태도입니다. "넌 충분히 할 수 있어" 하고 격려해 주는 부모의 믿음이 아이에게는 가장 강력한 동기부여가 됩니다.

준비 운동이 끝났다면 이제 본격적으로 아이와 함께 집공부를 시작할 차례입니다. 집에서의 학습은 단순히 학교에서 배운 내용을 반복하거나 숙제를 하는 것에 그치지 않습니다. 아이가 집에서도 즐겁고 의미 있게 공부할 수 있도록, 다양한 학습 도구와 방법을 활용해 학습을 더 흥미롭게 만들어야 합니다. 아이가 좋아하는 활동을 중심으로 학습을 구성하거나, 놀이와 학습을 결합하여 자연스럽게 학습에 몰입하도록 유도할 수 있어요.

3장에서는 집공부를 보다 효과적으로 진행할 수 있는 다양한 방법과 전략을 소개하겠습니다. 거실을 학습 공간으로 바꾸는 방법부터, 아이가 집중력을 높일 수 있도록 도와주는 도구와 기술, 학습 계획을 세우고 이를 꾸준히 실천하는 방법까지 구체적으로 다뤄보겠습니다. 또한, 아이가 지루해하지 않고 스스로 학습에 참여할 수 있도록 돕는 창의적인 아이디어들도 함께 살펴볼 것입니다.

3장

# 성공적인 집공부를 위한 기본 세팅

# 스터디 거실 만들기

집공부를 성공적으로 이끌기 위해서는 특정 공간을 학습의 중심지로 만들어주는 것이 큰 도움이 됩니다. 저는 거실을 '공부 아지트'로 재구성하여 아이들이 학습에 몰입할 수 있도록 돕고, 자연스럽게 배움이 일어날 수 있는 환경을 만들었습니다.

공부방을 운영하다 보면 많은 남자아이가 자습할 때 쉽게 집중력을 잃는 경우를 자주 봅니다. 거실은 온 가족이 함께하는 공간이기 때문에, 아이들이 부모의 존재를 느끼며 안정감을 얻고 집중할 수 있습니다. 그러므로 혼자 분리되어 방에 있는 것보다 거실에서 가족과 함께하는 안정감 속에서 공부하는 것이 특히 집중력이 약한 아이에게 효과적입니다.

▲ 큰 테이블이 있는 거실의 모습

이렇게 거실을 공부 아지트로 활용하면 자연스럽게 학습 분위기가 형성되고, 아이들이 편안해하면서도 집중할 수 있는 환경이 됩니다. 저는 거실 중앙에 다양한 용도로 활용할 수 있는 큰 테이블을 두었습니다. 책을 펼쳐 공부할 수도 있고, 간단한 실험이나 토론을 할 수도 있으며, 가족이 다 함께 앉아 독서를 하는 공간으로도 활용할 수 있습니다.

거실에는 다양한 시각적 학습 자료를 배치하는 것이 중요합니다. 세계 지도나 지구본을 눈에 잘 띄는 곳에 두면, 아이들이 자연스럽게 새로운 지식을 탐구할 기회를 얻게 됩니다. 한번은 쉬는 시간에 지구

▲ 거실에서 자유롭게 독서하는 두 아들

본을 돌려보던 한 학생이 모르는 나라에 대해 질문을 했고, 그것을 계기로 그 나라의 역사와 문화를 함께 알아보기도 했습니다. 이처럼 일상 속에서 자연스럽게 이루어지는 학습이 가장 효과적입니다. 이러한 경험을 통해 저는 아이들이 스스로 학습의 주체가 될 수 있도록 돕는 환경을 만드는 것이 무엇보다 중요하다는 것을 다시금 깨달았습니다.

거실에 다양한 학습 도구와 책들이 잘 정리해 두어, 아이가 필요할 때 손쉽게 꺼내 보도록 만들어주세요. 교과서는 물론이고 과학, 사회, 국어 등 다양한 주제의 책들을 책장에 꽂아주면 좋습니다. 아이가 이따금씩 특정 과목이나 주제에 흥미를 느낄 때, 곧바로 연관된 자료를 찾아볼 수 있기 때문입니다. 이렇게 하면, 아이들은 '학습'이라는 것을 별다른 거부감 없이 받아들입니다. '공부는 책상에 앉아 억지로 하는 것이 아니라, 언제든지 할 수 있는 즐거운 일'이라고 인식하기 때문입니다. 아이들이 책을 꺼내 보면서 스스로 배우고 즐거워하는 모습을 지켜보는 것은 참으로 의미 있는 순간입니다.

학습 공간을 조성할 때 중요한 것은 아이들이 자연스럽게 학습에 몰입할 수 있도록 하는 유연한 분위기입니다. 방 한쪽에 놓인 책상은 앞에 앉는 순간부터 일어날 때까지 오로지 공부만 해야 할 것 같은 압박감을 주지만 거실은 그보다 자유로운 느낌을 줍니다. 학습이 자연스럽게 일어날 수 있도록 하는 것이 제가 집공부에서 가장 신경 쓰는 부분입니다.

꼭 거실에서 공부를 해야 하는 것은 아닙니다. '학습 공간을 어떻게 조성하느냐'가 중요하죠. 명심할 것은 부모의 적극적인 참여가 가능하면서도 아이가 자율적으로 학습할 수 있어야 한다는 것입니다. 학습 공간을 정할 때, 부모가 곁에서 가볍게 도와줄 수 있는 위치인지, 아이가 혼자 있을 때보다 안정감을 느낄 수 있는 공간인지, 학습 도구와 책을 쉽게 접근할 수 있는지 등의 요소들을 고려해야 합니다. 아이가 학습을 자연스러운 일상으로 받아들이도록 도와주는 방법이 무엇일지 고민하며 학습 공간을 마련해 주세요.

## TIP 책을 싫어하는 아들, 독서 습관 만들기

아이를 키우면서 제가 가장 중요하게 생각하는 것이 있다면 바로 독서입니다. 성인이 되어서도 책을 즐길 줄 아는 사람으로 자랐으면 하기 때문이죠. 지금은 아이들이 매일 한두 시간씩 자발적으로 책을 읽지만, 이런 독서 습관을 만들기까지는 오랜 시간이 걸렸습니다. 물론 지금도 아이들이 미동 없이 쭉 앉아서 책을 읽는 것은 아닙니다. 한참 읽다가 내용이 재밌다며 저에게 이야기해 주기도 하고, 지루해졌는지 누워서 뒹굴뒹굴하다가 이 책 저 책 살피며 산만하게 독서하기도 합니다. 그럼에도 저는 아이들이 자발적으로 책을 읽는 것에 만족하며, 그 습관을 유지할 수 있도록 환경을 만들어주고 있습니다.

### 1. 물리적인 환경 조성

초등 시기에는 책을 읽고 싶은 분위기를 만드는 데 신경 써야 합니다. 혹시 아이에게는 책을 읽으라고 해놓고서 스마트폰을 보고 있지는 않나요? 핸드폰을 책 사이에 끼워서 몰래 보는 한이 있더라도 아이의 독서에 동참하는 모습을 보여주세요. 저는 책장을 집안 곳곳에 배치하여 아이들이 언제 어디서든 책을 꺼내어 볼 수 있도록 했습니다. 새로 산 책이나 빌려온 책은 바닥이나 책상 위에 두어 눈에 잘 보이게 합니다.

▲ 집안 곳곳의 책장들

독서의 가장 큰 적인 TV와 스마트폰은 정해진 시간에 영어 영상이나 역사와 관련된 영화를 보여주는 용도로만 활용합니다.

### 2. 읽는 책의 종류는 다양하게

아이가 선택하는 책에 제한을 두지 마세요. 학습 만화도 좋고, 그림책이나 소설책도 좋습니다. 원하는 책을 읽게 두고 그것에 관련해서 최대한 잔소리하지 않는 것이 포인트입니다. "이걸 읽어봐", "바른 자세로 봐야지, 얼마나 읽었어?", "도대체 그 책은 몇 번째 보는 거야?", "몇 살인데 유아용 책을 보니?", "내용을 한번 말해 봐" 등의 잔소리가 목구멍까지 올라와도 꾹 삼켜야 합니다. 초등 시기에는 이야기책만 읽어도 충분합니다. 아이에게 억지로 원하지 않는 책을 읽히면 독서에 흥미를 잃게 됩니다. 이야기책으로도 아이의 사고력은 향상될 수 있어요. 여러 등장인물, 사건 전개, 때로는 서로 뒤엉킨 복잡한 시간의 흐름을 파악하면서 사고력은 확장됩니다. 그러니 아이가 자연스럽게 생각하는 힘을 키워나갈 수 있도록 입을 꾹 닫아주세요.

### 3. 독서 단계 올리기

학습 만화는 책에 대한 흥미를 유발하기 좋지만 글밥이 많은 책으로 건너가지 못하도록 막는 장애물이기도 합니다. 그렇다고 해서 학습 만화를 못 읽게 하는 것은 좋은 방법이 아닙니다. 먼저 학습 만화를 읽고 아이가 호기심이 생긴 분야와 관련된 글밥책을 찾아보세요. 예를 들어 아이가 《기생충 세계에서 살아남기》를 읽고 질문이 생겼다면 질병이나 병원 키워드에 관련된 쉬운 글밥책으로 그 질문을 해소하도록 도와줍니다. 또는 동일한 내용의 글밥책을 권하는 방법도 있습니다. 《삼국지》를 만화로 읽은 아이에게 글만 있는 어린이 버전을 읽게 해주는 것입니다.

### 4. 독서 마라톤

겨울방학처럼 긴 시간을 이용해 새로운 도전을 해보는 것도 좋은 방법입니다. '독서 마라톤'은 책을 읽은 만큼 표시하여 얼마나 읽었고, 앞으로 얼마나 남았는지를 한눈에 파악할 수 있는 활동입니다. 아이 혼자 하는 것보다는 가족 모두가 참여하는 것이 아이의 의욕을 증진시킵니다. 책 한 쪽을 2m로 환산하여 코스를 짜고, 하나의 코스를 달성하

▲ 빛고을 독서 마라톤

면 받고 싶은 선물을 아이가 적게 합니다. 책을 읽고 나서는 달성한 거리를 표시해 줍니다. 코스를 달성할 때마다 선물을 받을 수 있어 아이가 책을 포기하지 않고 끝까지 읽을 수 있다는 장점이 있습니다.

# 칠판으로 집중력 끌어올리기

집공부에서 가장 유용한 학습 도구는 바로 칠판입니다. 저는 초등 공부방을 운영하면서 칠판의 중요성을 여러 차례 체감했습니다. 그 중 가장 기억에 남는 것은 초등학교 4학년이었던 은호의 이야기입니다. 어느 날 은호는 수학 문제를 풀면서 어려움을 겪고 있었습니다. 분수 문제 앞에서 좌절한 은호는 자신감을 잃고 한참 동안 멍하니 있었죠. 그런 은호의 모습을 보며 도와줄 방법을 고민하던 저는 칠판을 활용해 문제를 시각화하는 것이 좋겠다는 생각이 들었습니다.

"은호야, 칠판 앞에 서서 문제를 직접 적어보자. 칠판에 그리면서 풀면 훨씬 더 이해하기 쉬울 거야."

처음에 망설였던 은호는 칠판에 그리고 적으면서 차근차근 문제를 풀기 위해 노력했습니다. 그러자 어느 순간 문제의 흐름을 이해하면서 자신감을 되찾게 되었죠. 그 이후로 은호는 어려운 문제가 나올 때마다 스스로 칠판에 문제를 적어가며 해결하려고 노력했습니다. 저는 비슷한 사례를 여러 번 겪으면서 칠판은 아이들이 학습에 대한 두려움을 극복하고, 문제를 스스로 해결할 수 있도록 돕는 강력한 도구임을 확신했습니다. 아이들은 단순히 책상 앞에 앉아서 문제를 풀 때보다 칠판을 활용했을 때 학습에 더 주체적인 태도를 보여주기 때문입니다.

▲ 분수의 개념을 그림으로 이해하기

칠판은 학습 목표를 시각적으로 관리하는 데 매우 유용한 도구이기도 합니다. 주간 학습 목표를 칠판에 붙이거나 적어보세요. 저는 칠판에 주간 학습 목표를 적어두고, 목표가 달성될 때마다 아이들이 체크하도록 했습니다. 그러자 아이들은 칠판을 통해 해야 할 일을 명확히 인식하고, 스스로 학습을 계획하고 성취하기 시작했습니다.

칠판은 반복 학습에도 활용할 수 있습니다. 영어 단어나 한자를 칠판에 기록하면서 암기할 수 있죠. 반복해서 글자를 적으면 의미와 형태가 더 깊이 각인됩니다.

▲ 칠판에 수학 오답 정리와 영단어 테스트를 하는 모습

부모의 즉각적인 피드백도 칠판을 통해 더욱 효과적으로 이루어질 수 있습니다. 아이가 문제를 풀 때 실수를 바로잡기가 용이하기 때문이죠. 실시간 피드백을 주고받으면서 아이는 실수를 두려워하지 않고, 그것을 학습의 중요한 부분으로 받아들이게 됩니다.

## TIP 칠판과 함께하면 좋은 아이템

**집게 자석**
프린트나 교재를 집어 칠판에 고정한 뒤
보면서 필기할 수 있습니다.

**교사용 컴퍼스와 각도기**
교사용이라 크기가 커서 설명하거나
칠판에 줄을 긋기에 편리합니다.

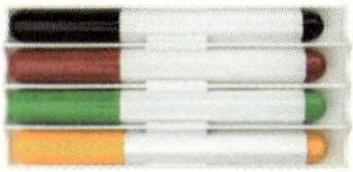

**여러 색의 보드마커**
중요도나 목적에 따라 색을
다르게 쓰면 좋습니다.

**자석 보드마커 바구니**
보드마커 뚜껑이나 펜을
잃어버리지 않도록 담아둘 수 있어요.

**자석 지도 시트**
사회, 역사 시간에 배운 내용을
복기하기에 좋습니다.

**자석 칠판 지우개**
칠판 지우개는 자석이 있는 것이 사용하고
정리하기에 편리합니다.

# 스터디 플래너의 기적

학습 습관이 자리 잡히지 않거나 체계적으로 계획을 세우기 어려워하는 아이들은 스터디 플래너를 쓰면 도움이 많이 됩니다. 무엇을 공부해야 할지 몰라 방황하는 아이, 자기주도 학습이 어려운 아이, 완벽주의 때문에 계획을 세우는 데 시간을 너무 많이 쓰는 아이들에게 스터디 플래너는 학습의 방향을 잡아주고, 목표를 향해 한 걸음씩 나아가게 만드는 역할을 합니다.

제가 공부방을 운영하면서 효과를 본 방법 중 하나는 아이들과 함께 스터디 플래너를 작성하고 피드백을 주면서 자기주도 학습 능력을 키우는 것이었습니다. 찬우는 다른 친구들보다 계획을 세우기 어려워하던 친구였습니다. 저는 우선적으로 공부할 과목을 함께 정하는 방식으로 접근했습니다.

"찬우야, 오늘 학교에서 무슨 과목을 배웠니? 그중에서 어떤 과목부터 공부하면 좋을까?"

"오늘은 과학이랑 수학을 배웠는데, 수학이 좀 어려웠어요."

"그럼 수학부터 복습하는 게 좋겠네. 어려웠던 것부터 먼저 해결하면 나중에 마음이 좀 편할 거야."

저는 매일 스터디 플래너를 함께 작성하며 대화를 나누었고, 점차 찬우는 그날 무엇을 먼저 해야 할지 스스로 적어보기 시작했습니다. 나중에는 그날의 목표를 적고 시간을 배분하는 단계까지 발전했죠.

스터디 플래너를 사용할 때는 부모가 아이의 성향에 맞춰서 도와줘야 합니다. 조금 덜렁대는 성향이 강한 아이에게는 계획을 세우는 과정에서 우선순위를 정하는 법을 알려주세요. 또한 되도록 초반에 작은 목표를 우선순위로 두고 차근차근 달성하는 성취감을 느끼도록 도와줍니다. "수학 먼저 끝내고 나면, 다른 과목들은 금방 할 수 있을 거야!" 하고 응원하면서 아이가 학습에 대한 자신감을 가질 수 있게 해주세요.

산만한 성향이 강한 아이의 경우, 짧은 활동과 보상을 주기적으로 나누는 '파이 차트 학습법'이 효과적일 수 있습니다. 학습 시간을 20분 단위로 나눈 후, 한 활동이 끝날 때마다 작은 보상을 제공하는 학습법입니다. 이 방법은 짧은 시간 동안 여러 과목을 공부할 수 있고 집중력이 짧은 아이가 지루함을 느끼지 않을 수 있습니다. 예를 들어 "우리 20분 동안 수학 공부를 하고 나면, 5분 동안 좋아하는 만화책을 읽자!" 하고 아이의 공부 의욕을 끌어내는 것입니다.

반대로 완벽주의 성향이 강한 아이들은 계획을 세울 때 시간이 지나치게 오래 걸리거나, 일을 마무리하는 데 어려움을 겪을 수 있습니다. 이럴 때는 시간을 정해주고, "완벽한 것보다는 일단 해보는 게 더 중요해" 하고 얘기해 줍니다. 계획한 것을 적절히 시간 내에 마무리하는 데 중점을 두어야 합니다.

자기주도 학습 능력이 강한 아이들에게는 플래너가 더 큰 자율성을 부여합니다. 앞서 말한 찬우처럼, 계획을 세우는 데 익숙해지면 더 이상 누군가의 개입 없이 학습을 관리할 수 있습니다. 그러므로 부모가 최대한 아이의 자율성을 존중하고, 필요할 때만 도움을 주는 것이 좋습니다. 부모가 아이를 믿고 맡겨야만 스스로 책임지고 학습을 계획하고 실행하는 법을 제대로 터득할 수 있습니다.

감정 기복이 심한 아이의 경우에는 계획을 유연하게 세우도록 합니다. 학습 의욕이 그날그날 달라지는 섬세한 아이라면 그에 맞춰 계획을 수정할 수 있는 기회가 필요하기 때문입니다. 또 스터디 플래너 한쪽에 자신의 감정을 기록하게 하여 학습과 감정 관리를 같이 하는 것도 좋습니다.

# TIP 스터디 플래너 200% 활용하기

학습 계획을 세우는 것은 집공부를 할 때 특히 중요한 부분이죠. 스터디 플래너는 학습 목표를 설정하고, 시간을 관리하며, 성취감을 느끼도록 돕는 중요한 도구입니다. 초등학생이 스터디 플래너를 효과적으로 작성하고 활용할 수 있는 몇 가지 팁을 알아보겠습니다.

## 1. 계획하기 전에 되돌아보기를 먼저

스터디 플래너로 오늘의 계획을 작성하기 전에 이전에 세운 계획을 얼마나 잘 지켰는지 되돌아보는 시간을 가져보세요. 무엇을 잘 수행했고 다음에는 무엇을 발전시키면 좋을지 간단히 적어봅니다. 이런 과정은 아이의 메타인지 능력을 향상시켜 줍니다.

## 2. 장소에 따라 계획 세우기

처음부터 혼자 목표를 세워보라고 하면 대부분의 아이들이 방향을 잡기 어려워합니다. 이럴 때는 아이가 평소에 가장 오래 머무는 장소 두세 곳을 적게 합니다. 그리고 그 장소별로 가장 많이 하는 활동을 정리합니다. 예를 들어 집이라면 숙제, 독서, 스마트폰 사용, 컴퓨터 사용 등의 활동이 있을 수 있고, 학원이라면 그곳에서 배우는 과목들이 있죠. 이때 '하고 싶은 일'과 '해야 하는 일 중'에 어떤 것을 먼저 할지 아이가 정하도록 합니다.

## 3. 스터디 플래너 작성하기

초등학교 저학년이라면 표로 된 스터디 플래너를 무작정 쓰는 것보다는 방학 계획표처럼 원으로 된 것이 좋습니다. 고학년의 경우에는 달력이나 플래너에 매일 또는 매주 작성하게 합니다. 아래는 실제로 제가 4학년 이상의 아이들과 함께 작성하는 스터디 플래너입니다.

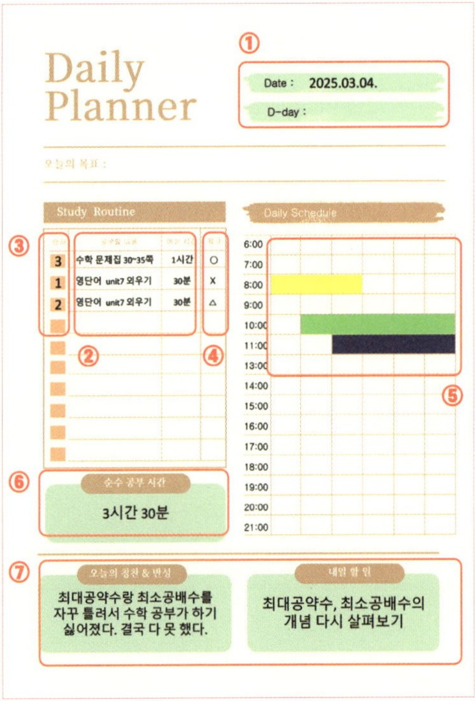

① 날짜와 요일을 작성합니다. 날짜를 인식해야 시간 관리를 잘할 수 있습니다.

② 해야 할 일을 작성합니다. 구체적인 범위와 예상 시간을 함께 적습니다.

③ 우선순위를 정합니다. 빨리 마칠 수 있는 것부터 순서대로 적습니다.

④ 실천 여부를 표기합니다. 다 끝낸 것은 ○, 못 한 것은 ×, 일부만 끝낸 것은 △ 표시를 합니다.

⑤ 시간대별로 학습한 시간을 형광펜으로 색칠합니다. 오늘의 학습 진행 상황을 한눈에 확인할 수 있습니다.

⑥ 총 학습 시간을 작성합니다. 오늘 하루 얼마나 공부했는지 확인할 수 있어 자신감이 올라갑니다.

⑦ 피드백을 작성합니다. 잘한 점과 아쉬운 점을 작성하고, 다음 날의 목표까지 세웁니다.

# 지구본, 지도, 일력은 잘 보이게

5학년이었던 성문이는 다른 과목보다 사회 과목에 관심을 많이 보였습니다. 교과서로만 이해하기 어려운 부분들을 끝없이 질문하곤 했죠. 저는 성문이의 이해를 돕기 위해 다양한 학습 도구를 사용해 보았는데, 그중에서도 지구본과 지도가 가장 유용했습니다. 예를 들어 성문이가 콜럼버스가 대서양을 항해해 카리브해에 도착한 여정을 어려워할 때는 벽에 걸린 세계 지도를 활용해서 경로를 보여주었습니다.

"콜럼버스가 항해한 경로를 여기 지도에 한번 표시해 보자."

저는 검은색 보드마커로 콜럼버스가 스페인에서 출발해 서쪽으로 항해하여 카리브해에 도착한 경로를 성문이가 직접 그릴 수 있게 도와주었습니다. 글로만 읽었을 때는 쉽게 이해되지 않던 항해 과정이 지도를 통해 시각적으로 정리되자 성문이는 금세 개념을 잡을 수 있었습니다. 이어서 마젤란의 세계 일주 경로도 지도에 표시하며 비교해 보았습니다.

"마젤란은 1519년에 출발해 남미를 거쳐 태평양을 건넜어. 마젤란의 항해 경로는 빨간색 보드마커로 표시해 볼까?"

이렇게 하면 마젤란과 콜럼버스, 두 탐험가의 경로를 비교하며 각 항해의 역사적 의의를 더 깊이 이해할 수 있습니다. 지도와 지구본을 활용하면 이렇게 학습을 단순한 암기가 아닌, 탐구와 발견의 과정으로 만들 수 있습니다. 예를 들면 이집트 문명이 나일강을 중심으로 발달했다는 내용을 교과서에 나온 설명 그대로 읽는 것보다 이집트의 실제

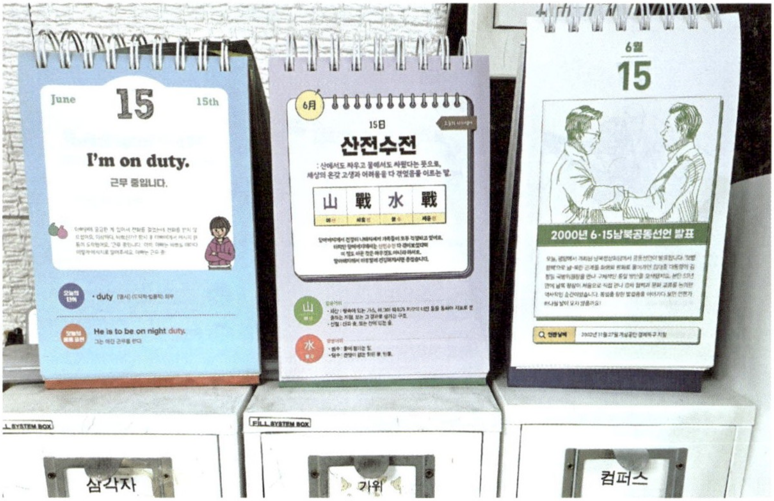


▲ 우리집 일력 삼총사

위치와 나일강의 흐름을 지도에서 찾아보는 것이 훨씬 효과적이죠. 이후 성문이는 공부방에 오면 스스로 지구본을 돌리며 여러 나라의 위치나 특성을 알아보거나, 역사적 사건이 일어난 곳을 지도에서 직접 찾아보곤 했습니다. 사회, 역사, 지리 개념을 익히는 데 지도와 지구본은 필수적인 학습 도구입니다.

또 다양한 일력도 효과적인 학습 도구로 활용할 수 있습니다. 저는 거실에 초등 어휘, 영어 회화, 한국사 일력을 두고 아침마다 아이들이 일력을 넘기면서 하루를 시작하도록 도와줍니다. 일력은 매일 하나의 지식을 얻을 수 있어 부담 없이 학습할 수 있다는 장점이 있습니다. 집공부에서 부모가 해야 할 일은 이러한 학습 도구를 아이가 일상 속에서 자연스럽게 활용할 수 있도록 하는 것입니다. 그러니 지구본, 지도, 일력을 아이 방에 놓기보다는 되도록 거실에 배치해 보세요.

# TIP 지구본 200% 활용하기

### 1. 장난감처럼 가지고 놀게 하기

아이가 지구본을 그냥 굴리고 탐색하게 두세요. 절대 공부하듯 접근할 필요는 없습니다. “우리나라는 어디 있지?”, “우리가 가본 필리핀은 어디 있을까?” 하고 억지로 학습을 유도하면 아이가 흥미를 잃을 수 있습니다. 아이가 지구본에 익숙해지도록 가지고 놀게 내버려두세요. 지리는 관심을 갖고 자주 보면서 익숙해지는 게 가장 좋습니다. 한 번에 공부하듯 외우면 기억에 오래 남지 않습니다.

### 2. 나라 찾기 놀이

특정 나라의 위치를 찾아보는 놀이를 하면서 자연스럽게 여러 나라의 위치를 파악할 수 있습니다. 이때 추가적인 설명은 안 해도 괜찮습니다. 위치를 찾는 것에 집중하면서 놀이로 접근해야 합니다. 만약 아이가 어려워한다면 조금 도움을 주세요. 예를 들어 콜롬비아를 찾기 힘들어한다면, “아메리카 대륙에 있으니 잘 찾아봐” 하고 위치한 대륙의 이름을 슬쩍 알려주는 것입니다. 그래도 어려워한다면 지구본을 살짝 돌려서 대략적인 위치를 알려주세요.

### 3. 부루마불 속 도시 찾아보기

'부루마불'은 여러 나라와 각국의 도시 이름을 배울 수 있는 좋은 보드 게임입니다. 저는 아이들과 이 게임을 할 때 지구본을 옆에 두고 게임 속의 나라와 도시를 함께 찾아봅니다. 많은 사람이 부루마불에 등장하는 도시들을 각국의 수도로 오해하는데, 수도가 아니라 각 나라의 상징성이 있는 주요 도시입니다. 아이와 지구본을 보면서 수도의 위치도 함께 찾아보면 금상첨화겠죠?

▲ TV 프로그램에서 본 나라를 찾아 깃발을 붙이는 주원이

## TIP 세계 지도 200% 활용하기

### 1. 탐험가의 항로 따라가기

콜럼버스, 마젤란 등 유명 탐험가들의 항로를 지도로 따라가 봅니다. 그들이 출발한 지점, 도착한 지점, 그리고 경유한 장소들을 표시하면서 항해 경로를 그리면 좋습니다. 탐험가들의 이야기를 다룬 책을 읽고 나서 세계 지도를 보면 아이의 흥미와 이해도를 더 높일 수 있습니다.

### 2. 한 나라를 깊게 알아보기

한 나라를 선택한 뒤 그 나라의 위치, 수도, 주요 도시, 언어, 문화 등을 조사합니다. 과정을 좀 더 심화시키고 싶다면 주요 산업과 수출품을 조사하여 해당 나라의 경제와 산업에 대해서 알아볼 수 있습니다. 또는 현재 그 나라에서 가장 뜨겁게 주목받는 이슈를 다루는 신문 기사를 찾아보는 것도 좋습니다. 조사한 내용은 아이가 노트에 정리하거나 발표하도록 연계시켜 주세요.

### 3. 여행 계획 세우기

아이와 가상으로 세계여행을 계획합니다. 방문할 나라와 도시를 지도에서 찾아보고 여행 경로를 그려보세요. 예를 들어 '유럽 여행'이라면 프랑스, 독일, 이탈리아 등을 경유하는 경로를 지도에 표시해 봅니다. 실제로 가족 여행을 계획할 때도 국내 지도나 세계 지도로 아이와 경로를 계획해 보면 좋습니다.

### 4. 뉴스와 연결하기

국제 뉴스에서 언급된 나라나 도시를 지도에서 찾아보고, 그 나라의 위치와 특징에 대해 이야기합니다. 또 일어난 사건이 지리적인 배경과 관련이 있다면 지도를 통해 살펴보고 조사해 봅니다. 이 활동은 아이가 세계정세를 이해하는 데 큰 도움을 줍니다.

### 5. 세계여행 프로그램 활용하기

〈톡파원 25시〉, 〈지구마불 세계여행〉 등의 여행 프로그램을 아이와 함께 보고 소개된 곳과 출연진이 다녀간 여행 경로를 지도에서 찾아봅니다. 그리고 그 지역의 위치, 역사, 문화적인 특징을 조사합니다. 한국의 문화와 비교해 보며 차이점을 아이가 이해하도록 도와주세요. 아이가 문화의 다양성에 대한 이해를 넓힐 수 있습니다.

### 6. 퀴즈와 게임 활용하기

세계 각국의 수도, 주요 도시, 강, 산맥 등을 맞추는 지리 퀴즈를 온 가족이 함께 풀어봅니다. 모르는 것이 나올 때는 지도를 펼쳐서 찾아볼 수 있죠. 또는 세계 지도 퍼즐을 맞추면서 지리를 익히는 방법도 있습니다.

# 배움노트로 완벽하게 복습하기

아이가 그날 배운 내용을 적으며 복습하거나 부족한 부분을 보완할 수 있는 '배움노트'를 적극적으로 활용해 보세요. 노트를 정리하는 과정에서 아이는 정보를 자기만의 방식으로 구조화하며, 이때 깊이 있는 학습과 사고력 향상이 이루어집니다. 배움노트는 학년에 따라 효과적인 활용법이 다릅니다. 아이의 발달 수준에 맞춰 정리 방식을 조정하면 더욱 효과적인 복습이 가능합니다.

저학년(1, 2학년)의 경우, 시각적 요소를 활용하는 것이 중요합니다. 이 시기의 아이들은 그림이나 간단한 설명이 있어야 흥미를 느끼고 내용을 더 쉽게 이해할 수 있습니다. 예를 들어 국어 시간에 배운 단어를 그림으로 표현하게 하면 기억에 오래 남습니다. 이때 부모가 "이 단어를 정말 잘 표현했구나!" 하고 칭찬해 주면 아이에게 자신감을 심어줄 수 있어요.

중학년(3, 4학년)은 '논리적 사고력'을 기르기 시작하는 시기이므로, 배운 것을 체계적으로 정리해 보는 것이 좋습니다. 예를 들어 사회 시간에 배운 내용을 도표나 연표로 정리하거나, 수학 문제 해결 과정을 단계별로 기록하는 등 사고 과정을 시각화하면 학습 효과가 커집니다. 아이가 작성한 내용을 함께 보면서 "이 부분을 다시 설명해 볼까?" 하고 질문을 던져보세요. 아이가 배운 것을 복기할 수 있고, 그 과정에서 보완할 점을 찾을 수 있습니다. 이때 부모는 아이의 설명을 최대한 기다려주고, 필요할 때만 도움을 주는 것이 좋습니다.

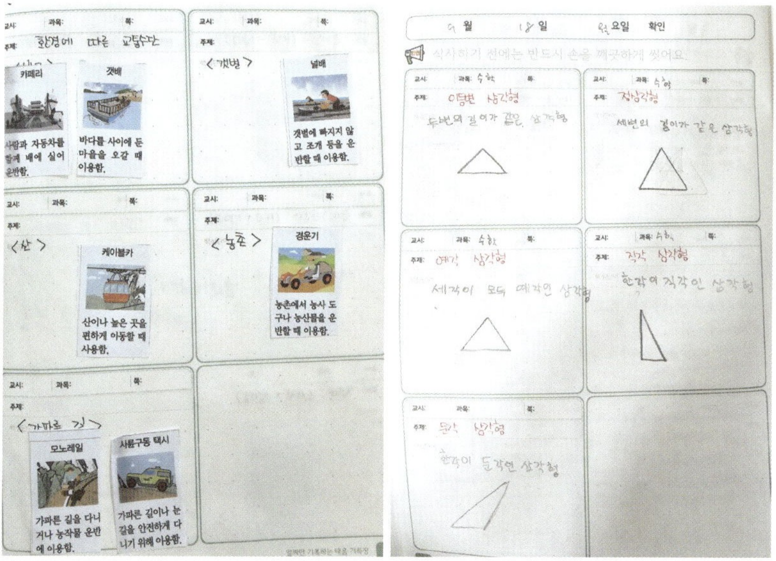


▲ 저학년, 중학년 배움노트 예시

고학년(5~6학년)은 배움노트를 활용해 더 깊이 있는 학습과 분석적인 사고력을 키울 수 있습니다. 수업 시간에 배운 역사적 사건을 요약한 뒤, 그 사건이 역사에 미친 영향을 분석하게 하여 비판적 사고력을 키워줄 수 있습니다. "이 사건이 현재 사회에 어떤 영향을 미쳤을까?"와 같은 질문을 통해 아이 스스로 생각할 수 있도록 자극해 주면 좋습니다. 또한 과학이나 수학 문제 풀이 과정을 논리적으로 기록하고, 주제를 깊이 탐구하여 노트에 정리하게 하는 것도 사고력 증진에 도움을 줍니다.

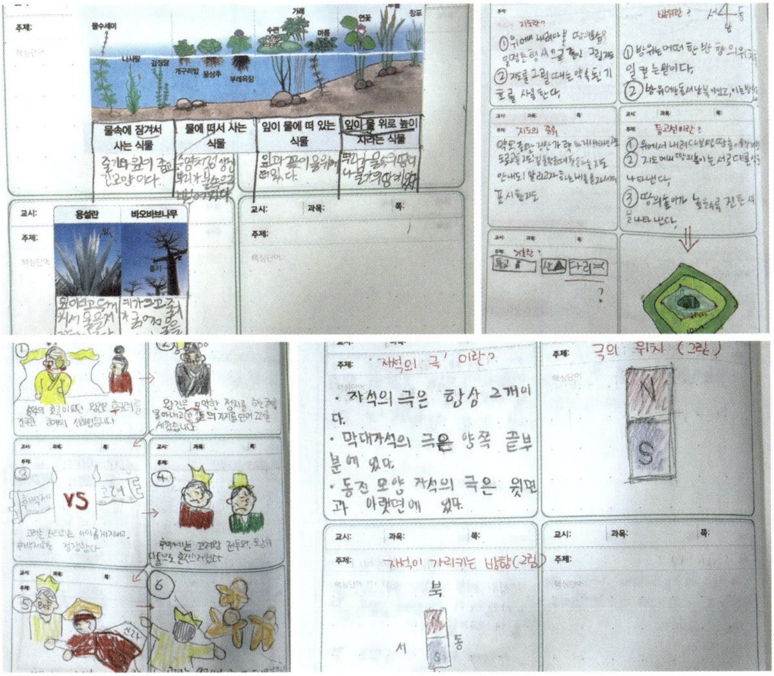


▲ 고학년 배움노트 예시

## TIP 배움노트 3단계 작성법

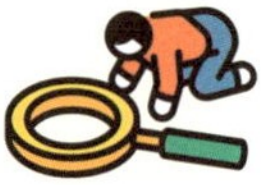

### 1단계. 핵심 단어 찾기

수업에서 배운 내용 중에 핵심 단어 하나를 찾습니다. 그리고 핵심 단어의 정의나 설명을 간단한 글 또는 그림으로 정리합니다. 예를 들어 '이등변 삼각형'이 핵심 키워드라면, 이등변 삼각형을 그림으로 그리거나 한 줄 정의를 써봅니다. 처음에는 수학 한 과목부터 시작해 보세요.

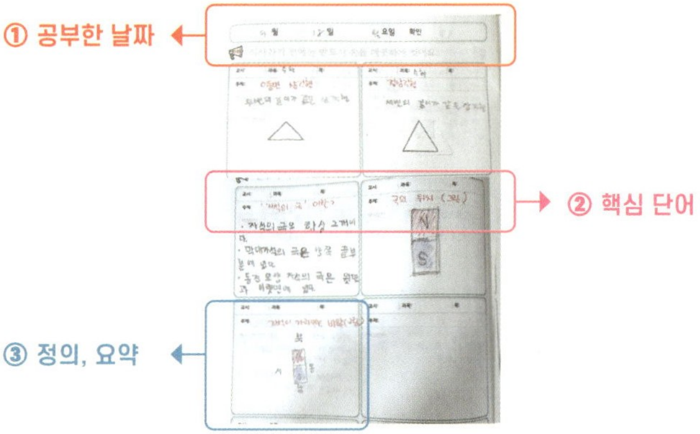


### 2단계. 학습 목표에 맞게 글로 표현하기

학습 목표를 확인하고 그에 맞게 자신의 생각을 글이나 그림으로 정리합니다. 예를 들어 학습 목표가 '강이나 연못에서 사는 식물의 특징 알아보기'라면, 수생식물들의 생김새와 특징 등을 글과 그림으로 정리하는 것입니다.

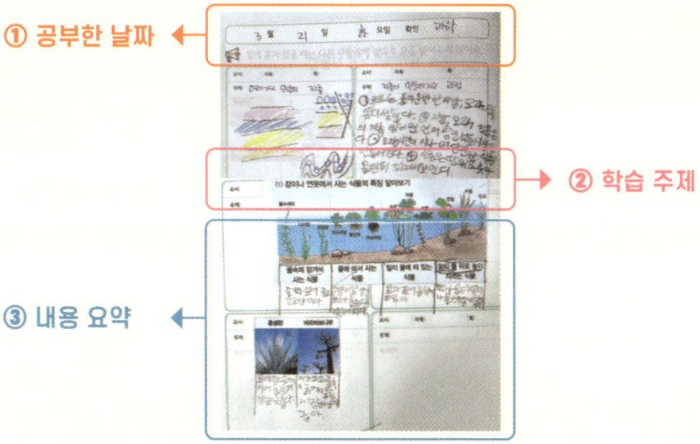


**3단계. 배운 내용을 바탕으로 주제 요약 및 생각하기**

학습 목표를 확인하고 그에 맞는 핵심 단어, 주제를 표나 그림, 글로 요약하여 정리합니다. 예를 들어 고려 시대의 위기와 영웅들에 대해서 배웠다면, '외세의 침입에 맞서 싸운 고려'를 주제로 정리하고, 핵심 단어로는 강감찬, 삼별초, 1차 항쟁, 귀주대첩 등을 정리할 수 있습니다.

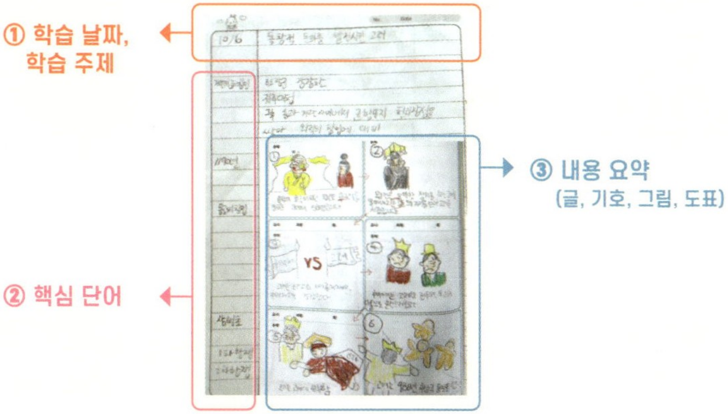

## TIP
## 교과서 구입처

교과서는 일반 책처럼 아무 서점에서나 살 수 없습니다. 국정 교과서도 발행하는 출판사 별로 취급을 따로 하고 있어서 어떤 교과서를 어떤 사이트에서 살 수 있는지 알아봐야 합니다. 큰 서점에서도 판매를 하지만 각 출판사별로 구비를 해놓지는 않으니 미리 전화로 재고 확인을 꼭 하고 방문하세요.

온라인으로 교과서를 구매하시려면 한국교과서협회 쇼핑몰을 먼저 살펴보세요. 가장 많은 교과서를 판매하는 곳이고, 취급하지 않는 교과서에 대한 안내도 있어 편리합니다.

| | |
|---|---|
| 에듀넷 디지털교과서 | 비상서점 |
| 한국교과서협회 쇼핑몰 | 아이스크림 몰 |
| 천재교과서 쇼핑몰 | 동아출판 |
| 지학사 쇼핑몰 | 금성도서몰 |
| 미래엔 도서몰 | 김영사 교과서 |

산만한 남자아이들은 단순한 텍스트나 문제 풀이 방식의 학습보다는 시각적, 청각적 자극이 있는 학습 도구를 통해 더 효과적으로 학습할 수 있습니다. 플래시 카드, 그림 자료, 영상 자료 등을 활용하면 아이는 놀이를 통해 학습을 경험하게 됩니다.

집공부는 다양한 학습 방법을 통해 아이의 흥미를 자극하고, 심화된 학습으로 나아가는 과정이 되어야 합니다.아이가 지루해하지 않고, 스스로 즐기면서 학습에 몰입할 수 있도록 하는 것이 집공부의 목표임을 잊지 마세요. 4장에서는 과목별로 구체적으로 어떻게 아이가 자발적으로 흥미를 갖고 탐구하도록 도울 수 있는지 알아보겠습니다.

# 4장

# 그대로 따라 하는 과목별 학습 포인트

국어

# 책을 아이의 좋은 친구로 만들어주기

아이가 책에 몰입하고 독서에 흥미를 느끼게 하는 것은 부모에게 중요한 과제입니다. 특히 산만한 아이는 책을 읽는 것 자체를 어려워하기 때문에 책을 다양한 활동과 연결시켜 아이의 상상력과 창의성을 자극함으로써, 책과 친밀해지도록 도와줄 수 있습니다.

우선, 책을 고를 때 아이의 흥미와 수준에 맞는 책을 선택하는 것이 중요합니다. 저학년 아이에게는 간결한 문장과 상상력을 자극하는 내용의 그림책이나 동화책이 적합합니다.《강아지똥》이나《몽실 언니》처럼 따뜻한 감성과 교훈을 담고 있는 책은 아이가 이야기에 푹 빠져들기 쉽습니다.

중학년부터는 흥미로운 이야기와 함께 모험이나 판타지 장르의 책들이 아이에게 큰 흥미를 줄 수 있습니다. 이 시기에는《마법의 시간 여행》 시리즈나《그리스 로마 신화》 같은 책을 아이가 깊게 몰입하여 읽는 모습을 볼 수 있습니다. 고학년 아이라면《해리 포터》 시리즈나《나니아 연대기》처럼 복잡한 인물 관계나 역사적 배경을 지니고 글밥이 많은 책들이 적합합니다.

책을 고르는 기준처럼 효과적인 독후 활동도 학년별로 다릅니다. 저학년의 경우에는 책의 주요 장면, 가장 좋아하는 캐릭터를 묘사하는 그림일기를 그리게 해보세요. 이때 부모가 "이 장면이 왜 기억에 남았어?" 하고 물어봐 주면서 아이가 스스로 이야기를 더 깊이 생각해 보도록 이끈다면 금상첨화입니다. 아이와 함께 읽은 책의 내용을 바탕으로 간단한 역할극을 하면서 스토리 속에 등장하는 인물이 되어보는 것도 효과적입니다.

중학년부터는 책을 읽은 후 이야기 구조를 재구성하거나 퀴즈를 통해 책 속 내용을 정리하는 활동이 유용합니다. 줄거리를 카드 게임처럼 만들어 사건의 순서를 맞추는 게임을 하거나, 등장인물 간의 관계를 마인드맵으로 그려보는 것도 좋습니다.

고학년 아이와는 독서 후 토론이나 서평 작성 같은 심화 활동을 해볼 수 있습니다. 책의 내용을 토대로 "이 사건이 현대 사회에 어떤 영향을 미쳤을까?" 같은 질문을 던져 아이가 비판적으로 생각하고 자신의 의견을 표현하는 힘을 키워줄 수 있습니다. 또한 아이가 책을 읽고 느낀 점을 간단한 독서 일기로 기록하게 하면, 아이가 읽은 내용을 스스로 정리하는 습관을 들이게 됩니다.

독후 활동은 아이가 단순히 책을 읽는 것을 넘어, 직접 참여하고 상상하면서 더 깊은 학습이 일어나도록 합니다. 산만한 아이들도 흥미로운 이야기와 함께 다양한 질문을 던져주면 책 속 세계에 몰입할 수 있습니다. 예를 들어 아이가 《해리 포터》 시리즈를 읽으며 마법 세계에 빠져들었을 때, 저는 아이가 세계관에 푹 빠져들 수 있도록 "만약 호그와트에 간다면 어떤 마법을 쓰고 싶니?" 하고 물어본 뒤 드라이아이스를 활용해 마법 놀이를 해주었습니다.

캐릭터에 대해 더 깊이 탐구하는 활동도 효과적입니다. 책 속 등장인물의 행동을 분석하고 아이의 생각을 표현하게 해볼 수 있습니다.

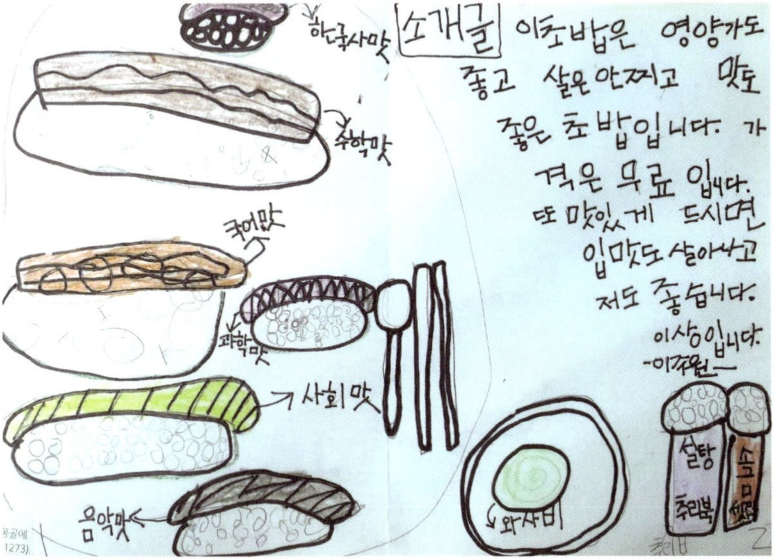


▲ 《책 먹는 여우》와 관련된 독후 활동

이러한 다양한 활동들을 활용하면 산만한 아이들도 충분히 책에 몰입하게 만들 수 있습니다. 아이가 스스로 책에 흥미를 느끼고 몰입할 수 있도록 적절한 자극과 창의적인 질문을 던져주세요.

## TIP 산만한 아이들도 사로잡는 추천 도서

아래의 책들은 모험, 싸움, 마술, 동물, 장난 등 산만한 아들의 흥미를 불러일으킬 만한 다양한 소재의 이야기책입니다. 다양한 주제와 장르를 통해 아이에게 독서의 즐거움을 일깨워주며 상상력을 키워줍니다. 동시에 교훈과 감동을 주는 책들입니다.

### 1. 초등학교 저학년(1, 2학년)

**《마법의 시간 여행》 시리즈** (메리 폽 어즈번 글·살 머도카 그림/노은정 역)

주인공인 잭과 애니가 마법의 나무집을 통해 다양한 시대로 시간 여행을 떠나며 모험을 하고 배움을 얻는 이야기입니다.

**초등학교 2학년 세찬이의 한마디** 이 책을 읽다 보면 마법이 진짜 있는 것만 같다.

**《구드래곤》 시리즈** (박현숙 글·이경석 그림)

용이 되기 위해 천년 동안 수련하다 승천을 코앞에 두고 한순간의 실수로 용이 되는 데 실패한 구드래곤. 그가 승천하기 위해 노력하는 과정에서 성장과 우정을 배우는 이야기입니다.

**초등학교 2학년 리온이의 한마디** 바보 같지만 끈기 있는 구드래곤이 마음에 든다.

**《마당을 나온 암탉》** (황선미 글·김환영 그림)

자신의 꿈을 찾아 모험을 떠나는 암탉의 모습에서 독립심과 용기를 배울 수 있는 이야기입니다.

**초등학교 2학년 병호의 한마디** 마지막까지 용감한 암탉의 모습을 생각하면 자꾸 눈물이 난다.

**《검정고무신》 시리즈** (이우영 글·그림)

1960년대 한국을 배경으로 한 형제의 일상과 모험 이야기로 가족의 소중함을 느끼게 합니다.

**초등학교 1학년 기석이의 한마디** 기영이와 기철이의 모습이 '흔한남매' 같다. 웃기고 재미있기 때문이다.

**《책 먹는 여우》** (프란치스카 비어만 글·그림/김경연 역)

책을 너무 좋아해서 먹어버리는 여우의 이야기로, 독서의 즐거움과 창의력을 키워줍니다.

**초등학교 1학년 태진이의 한마디** 책이 재미있다면서 자꾸 먹는다. 설마 여우가 아니라 염소인가?

## 2. 초등학교 중학년(3, 4학년)

**《몬스터 차일드》** (이재문 글·김지인 그림)

괴물 같은 힘을 가진 아이들이 펼치는 모험과 가슴 따뜻한 우정 이야기입니다.

**초등학교 3학년 병욱이의 한마디** 자신의 단점을 숨기고 싶은 기분이 들 때 반드시 읽어야 하는 책이다.

**《시간 고양이》 시리즈**(박미연 글·이소연 그림)

시간 여행을 통해 고대 이집트로 떠나는 소년과 고양이의 모험 이야기로, 역사와 모험의 재미를 동시에 느낄 수 있습니다.

**초등학교 4학년 하성이의 한마디** 너무 재미있고 창의적이라 꼭 읽어야 하는 책이다.

**《푸른 사자 와니니》 시리즈**(이현 글·오윤화 그림)

사바나에서 펼쳐지는 어린 사자 와니니의 성장과 모험을 그린 이야기입니다.

**초등학교 4학년 정후의 한마디** 와니니의 모험은 늘 내 생각보다 더 재미있다.

**《긴긴밤》**(루리 글·그림)

세상에 단 한 마리 남은 흰바위코뿔소와 아기 코끼리가 함께 떠나는 여정을 그린 감동적인 이야기입니다. 우정, 가족, 생명에 대한 깊은 메시지를 전해줍니다.

**초등학교 3학년 지우의 한마디** 동물들의 우정과 용기가 감동적이다. 끝까지 꼭 읽어야 한다.

**《수상한》 시리즈**(박현숙 글·유영주, 장서영 그림)

일상 속에서 벌어지는 다양한 사건들을 해결해 나가는 이야기로, 아이의 추리력과 문제 해결력을 키워줍니다.

**초등학교 3학년 희원이의 한마디** 수상한 놀이터에서 만난 아저씨는 진짜 무서웠다.

## 3. 초등학교 고학년(5, 6학년)

**《해리 포터》 시리즈** (J. K. 롤링 글)

마법과 모험이 가득한 세계적인 베스트셀러로, 아이가 우정과 용기의 중요성을 배울 수 있습니다.

**초등학교 6학년 영우의 한마디** 마법을 좋아하거나 배우고 싶어 하는 사람이라면 무조건 읽어야 한다고 생각한다.

**《불량한 자전거 여행》** (김남중 글·허태준 그림)

자전거 여행을 하며 다양한 경험을 쌓고 성장해 가는 주인공의 이야기입니다.

**초등학교 5학년 성준이의 한마디** 아이도 부모님에게 잘 해야 하지만, 부모님도 아이에게 잘해야 한다는 내용이니 부모님과 꼭 같이 읽었으면 좋겠다.

**《5번 레인》** (은소홀 글·노인경 그림)

주인공 나루가 수영을 통해서 성장하고 친구들과 끈끈한 관계를 맺어가는 이야기입니다.

**초등학교 6학년 의지의 한마디** 친구 간의 우정과 승부욕, 스포츠맨십이 가미된 흥미로운 책이다.

**《복제인간 윤봉구》 시리즈** (임은하 글·정용환 그림)

복제인간 윤봉구의 이야기를 통해 인간성, 윤리, 정체성에 대해 고민하게 만드는 책입니다.

**초등학교 5학년 주형이의 한마디** SF영화 한 편을 보는 느낌이 들었다.

**《셜록 홈즈》 시리즈** (아서 코난 도일 글)

명탐정 셜록 홈즈가 다양한 사건을 해결하는 추리와 모험 이야기로, 논리적 사고와 정의의 중요성을 배울 수 있습니다.

**초등학교 6학년 현수의 한마디** 생각할 것, 추리할 것에 재미까지 갖춘 책이다.

국어

# 글쓰기가 재밌어지는 마법

글쓰기는 단순히 국어 공부의 한 부분이 아니라, 아이의 상상력과 표현력을 자극하는 창의적인 활동입니다. 하지만 한 자리에 오래 앉아있기 힘든 산만한 남자아이에게 글쓰기는 꽤 어려운 활동이죠. 그러므로 최대한 글쓰기를 자연스럽게 받아들이고 즐길 수 있도록 접근하는 것이 중요합니다.

대표적인 글쓰기 활동으로는 '일기 쓰기'가 있습니다. 대부분의 아이가 일기 쓰는 것을 어려워합니다. 이때 감정 카드를 활용하면 아이가 일기를 좀 더 수월하게 쓸 수 있습니다. 아이에게 무작위로 감정 카드 한 장을 뽑게 한 후, 그 감정에 맞춰 하루를 글로 적어보게 하세요. 그럼, 아이는 일상의 감정을 되돌아보고 표현하는 과정을 거치면서 생각을 좀 더 쉽게 정리할 수 있습니다. 또 매일 새로운 감정을 기반으로 글을 쓰게 되므로, 아이는 글쓰기를 지겨워하지 않고 계속해서 새로운 도전으로 받아들이게 됩니다.

가족과 함께하는 활동도 좋은 글쓰기 방법이 될 수 있습니다. '이야기 릴레이'는 가족이 돌아가며 한 문장씩 이야기를 이어가는 놀이입니다. 아이가 이야기를 어떻게 이어갈지 고민하면서 자연스럽게 집중

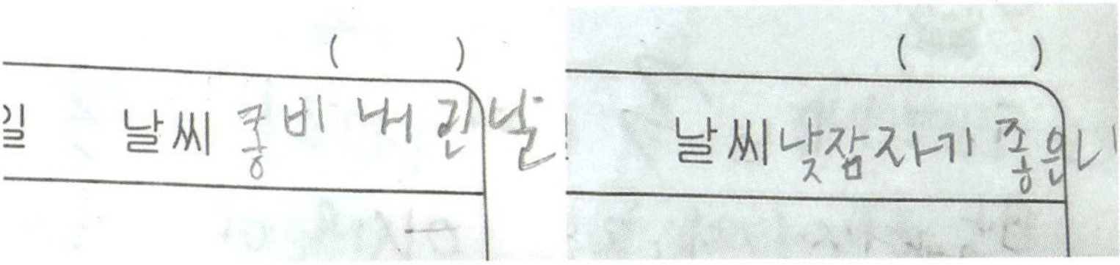


▲ 시원이의 개성 넘치는 날씨 표현

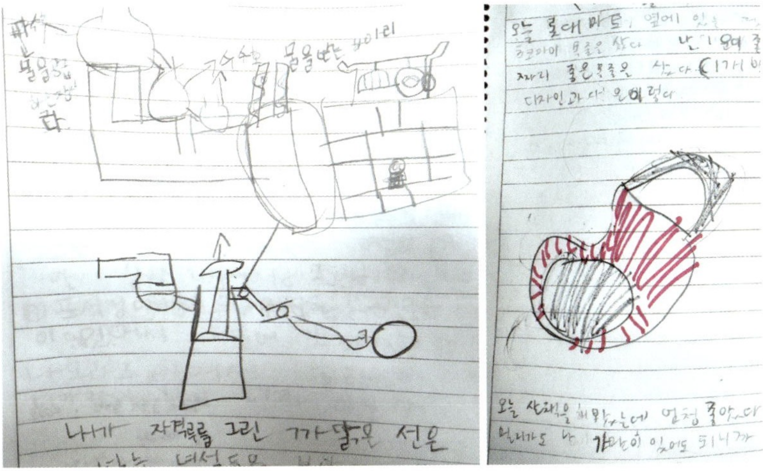

▲ 시원이의 그림 설명이 들어간 일기의 일부분

력과 창의력을 기를 수 있어요. '주제 항아리'를 활용한 글쓰기도 매우 유용합니다. 바로 다양한 주제를 적은 쪽지를 항아리에 넣어두고, 매일 하나씩 뽑아 그 주제에 맞춰 글을 쓰게 하는 방식입니다. '내가 만약 슈퍼히어로라면?', '여름방학 동안에 가장 기억에 남는 일', '내가 만난 가장 재미있는 동물' 등 흥미로운 주제를 준비해 두면, 아이는 매일 새로운 주제에 맞춰 즐겁게 글을 쓸 수 있습니다.

만약 아이가 너무 어려워한다면 사진이나 그림 같은 시각 자료를 활용하여 글을 쓰게 하는 것도 좋은 방법입니다. 사진이나 그림 속에서 어떤 이야기가 펼쳐지고 있는지 상상해 보게 하는 것입니다. "이 고

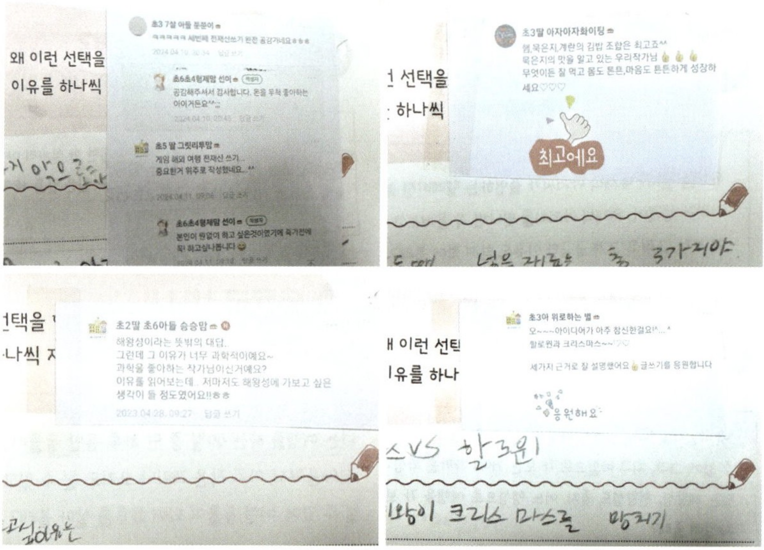

▲ 댓글을 프린트해서 붙여주기

양이는 왜 이렇게 행복해 보일까?", "이 배는 어디로 가고 있는 걸까?" 같은 질문을 통해 아이가 상상력을 펼칠 수 있도록 유도해 주세요.

글쓰기를 신체 활동과 결합하는 것도 좋습니다. 예를 들어 종이로 인형을 만들고 그 인형의 모험 이야기를 만들어보는 것입니다. 아이가 자신이 직접 만든 물건이므로 애착을 갖고 이야기를 만들어내는 모습을 볼 수 있습니다.

아이가 글쓰기를 즐기기 위해서 부모의 칭찬은 중요합니다. 글쓰기를 주제로 한 온라인 커뮤니티에 아이의 글을 올린 뒤에 다른 사람들의 좋은 댓글을 보여주는 것도 훌륭한 방법이죠. 긍정적인 피드백은 아이의 글쓰기 습관을 강화하는 중요한 역할을 하며, 아이가 스스로 글을 쓰고 발전하는 데 큰 도움이 됩니다.

# TIP 초등 6년 글쓰기 로드맵

## 1. 일기 쓰기

일기 쓰는 습관을 잡기 위해서는 횟수, 내용, 분량을 따지지 말고 꾸준히 쓰는 것이 중요합니다. 언제 몇 시에 쓸 것인지 약속을 정해놓으면 지속적으로 쓰기 좋습니다. 또 스톱워치를 활용하여 정해진 시간 안에 쓰는 연습을 할 수도 있어요. 저는 아이들이 주 1회 정도 일기를 쓰도록 지도합니다. 큰 주제를 던져주고 열 칸 공책에 아이들이 자유롭게 쓰도록 둡니다. 그리고 최고의 한 문장을 뽑아 형광펜으로 긋고 칭찬해 주며 마무리합니다.

## 2. 자유 글쓰기

자유 글쓰기는 철자, 문법, 소재, 분량 등의 제한 없이 마음껏 자유롭게

자유글쓰기

생각글쓰기

창의력을 키워주는 하루 한 장 초등 글쓰기

상상력을 키워주는 하루 한 장 초등 글쓰기

똑똑한 초등 글쓰기

글을 쓰는 활동입니다. 아이가 즐겁게 생각나는 대로 글에 담아냈는지가 포인트이므로, 내용에 관한 지적은 하지 않습니다. 이런 자유 글쓰기를 도와주는 교재들이 있으니 활용해 보세요.

### 3. 독서록

독서록은 생각하는 힘과 독해력을 키워주는 좋은 활동입니다. 필독 도서나 추천 도서보다는 아이가 재미있고 좋아하는 책으로 쓰게 하세요. 독서록 자체의 내용보다는 책을 즐겁게 읽었다는 사실에 중점을 둬주세요. 아이가 독서록 쓰기를 어려워할 때는 다음과 같은 순서로 지도하면 좋습니다.

책 속의 마음에 드는 문장 한 줄 쓰기 → 책 읽고 한 줄로 나의 느낌 쓰기 → 책 속 키워드 3개 뽑아보기 → 독후 활동

### 4. 논술 쓰기

논술 쓰기는 논술 평가를 대비하여 생각하는 근육을 미리 만들어주는 작업입니다. 논리적으로 생각하는 힘을 키우는 것이 중요합니다. 처음에는 아이가 어려워할 수 있으니 글보다 말로 먼저 표현하게 하는 것도 좋습니다. 논술은 제시문을 읽고 분석한 뒤, 자신의 주장을 결정하고, 글의 개요를 짠 다음에 글쓰기로 이어지는 흐름입니다. 이에 도움을 받을 수 있는 책들을 소개합니다.

초등 교과서 논술 글쓰기
3~4학년

교과서논술
기본/심화

논술 쓰기

## 5. 그밖의 다양한 독후 활동

| | |
|---|---|
| 글로 표현하기 | 등장인물에게 편지 쓰기, 이야기의 뒷내용 만들기, 동시 쓰기, 내가 주인공이라면 어떻게 할지 써보기 등 |
| 미술 활동 | 인상 깊은 장면 그리기, 책 속 캐릭터 소개하기, 책 속 인물에게 클레이 도시락과 편지 선물하기 등 |
| 신체 활동 | 연극 놀이, 막대 인형극, 영상물 만들기 등 |

국어

# 신문 읽기로 비판적 사고력 키우기

신문 읽기는 아이들에게 세상에 대한 넓은 시각을 제공하고, 비판적 사고력을 기르는 데 매우 효과적인 방법입니다. 단순히 정보를 습득하는 것에서 그치는 것이 아니라, 현실에서 벌어지는 다양한 사건들을 이해하고 분석하는 과정을 통해 논리적으로 생각하는 힘을 기를 수 있기 때문입니다. 신문에는 정치, 경제, 사회, 과학 등 다양한 분야의 이슈가 담겨 있기 때문에, 이를 꾸준히 접하면 아이들은 자연스럽게 세상에 대한 이해를 넓히게 됩니다. 하지만 신문을 단순히 읽는 것만으로는 충분하지 않습니다. 아이가 신문 속 정보를 비판적으로 분석하고 자신의 생각을 정리할 수 있도록 이끌어주는 것이 중요합니다. 그렇다면 신문 읽기를 활용해 비판적 사고력을 키우려면 어떻게 해야 할까요?

우선 아이가 흥미를 느낄 수 있는 주제부터 시작하는 것이 중요합니다. 처음부터 어려운 정치나 경제 기사를 접하면 쉽게 지루함을 느끼고 신문 읽기를 부담스러워할 수 있습니다. 그러므로 아이가 관심을 가질 만한 기사를 골라 자연스럽게 신문에 흥미를 붙이도록 해야 합니다.

환경 문제에 관심이 있는 아이라면 기후 변화나 재활용 관련 기사를 함께 읽고 "이 기술이 왜 중요할까?", "우리는 기후 변화에 어떻게 대응할 수 있을까?" 같은 질문을 던져보세요. 스포츠를 좋아하는 아이라면 올림픽이나 인기 선수 관련 기사를 읽고 "이 선수는 왜 이렇게 주목받고 있을까?", "스포츠 경기에는 어떤 전략이 필요할까?" 하고 대화를 이어가는 것도 좋습니다. 이런 질문을 던지면, 아이는 단순히 기사를 읽고 지나가는 것이 아니라, 내용을 깊이 있게 분석하고 스스로 생각하는 습관을 들이게 됩니다. 부모가 흥미로운 기사를 함께 읽고 자연스럽게 질문을 던지면서 아이의 사고를 확장할 수 있도록 도와주는 것이 중요합니다.

신문을 읽고 난 후에는 아이와 함께 토론하는 시간을 가집니다. 단순히 기사를 읽고 끝나는 것이 아니라 기사 속 내용에 대해 서로의 생각을 나누는 과정에서 다른 시각으로 생각해 볼 수 있기 때문입니다. 전동 킥보드 관련 기사를 읽었다면 "전동 킥보드는 편리하지만, 안전 문제를 어떻게 해결할 수 있을까?" 하고 질문을 던져 보세요. 아이가 고민하는 동안 부모는 전동 킥보드와 관련된 안전 규제나 사고 사례를 추가로 설명해 주면 좋습니다. "이 문제를 해결하기 위해서는 어떤 대책이 필요할까?" 하고 다시 질문을 던지면 아이는 미처 생각해 보지 못한 문제에 대해 사유하게 됩니다.

경제 기사도 좋은 토론 자료가 될 수 있습니다. 예를 들어 금리 인상에 대한 기사를 읽고 "금리가 올라가면 우리의 삶에 어떤 영향을 미칠까?" 하고 질문해 보세요. "만약 우리가 대출을 받아서 집을 산다면, 금리가 올랐을 때 어떤 변화가 생길까?" 하고 아이가 쉽게 이해할 수 있도록 실생활과 연결해 주는 것도 좋습니다. 또한 부모가 경제 정책이나 금융 시장의 개념을 쉽게 풀어서 이야기해 주면, 아이의 경제적 사고력도 한층 깊어집니다.

신문을 읽고 나서는 글쓰기 활동으로 아이의 사고력을 더욱 확장해 주세요. 단순히 기사를 읽고 이해하는 것에서 끝나는 것이 아니라, 자신의 생각을 글로 정리하는 과정을 통해 한층 깊은 차원에서 생각하는 훈련이 됩니다. 전기차 화재에 대한 기사를 읽었다면, '전기차는 친환경적이지만 화재 문제를 해결하는 것이 중요하다' 같은 문장을 아이가 직접 적어보도록 하세요. 이때 부모는 "생각을 좀 더 구체적으로 적어볼까?", "왜 그렇게 생각했는지 한 줄 더 추가해 보자" 하고 자연스럽게 글쓰기를 확장해 주어야 합니다.

신문 읽기 활동을 더욱 재미있게 만들기 위해 '신문 스크랩북'을 활용하는 것도 좋은 방법입니다. 신문을 단순히 읽고 끝내는 것이 아니라, 아이가 관심 있는 기사를 직접 오려 붙이고, 그에 대한 자신의 생각을 정리하는 스크랩북을 만드는 것입니다. 이렇게 만든 스크랩북을 시간이 지나 다시 보면서 아이는 과거의 생각을 복기하고 새로운 관점

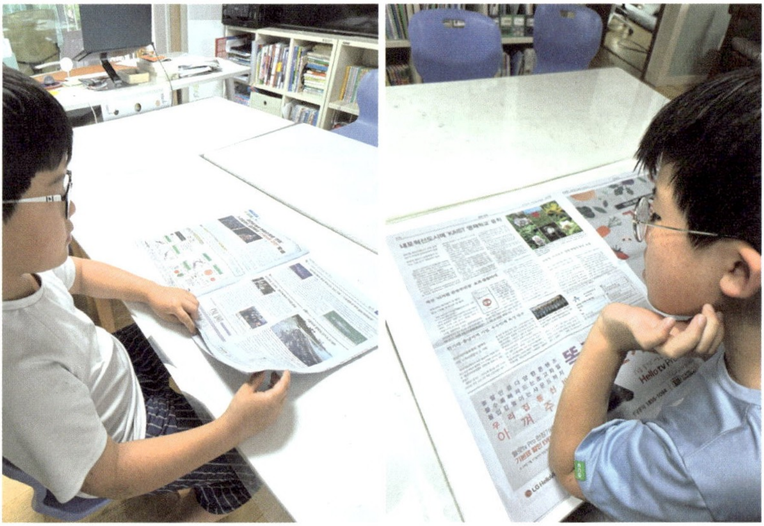

▲ 조간신문을 보는 아이들

에서 기사를 바라볼 수 있습니다. 나아가 가족 앞에서 자신의 스크랩북을 발표해 보는 시간을 가지면, 발표 경험을 쌓고 자신의 의견을 정리하는 능력도 함께 키울 수 있습니다.

스크랩북 활동을 할 때는 기사의 핵심 내용을 요약하고 자신의 의견을 적도록 유도하는 것이 중요합니다. 아이가 정리하는 과정에서 자신의 생각을 검토하고 보완할 수 있습니다.

신문 읽기를 활용한 학습 방법은 무궁무진합니다. 가장 중요한 것은 꾸준히 실천하는 것이죠. 신문을 통한 학습이 효과적으로 이루어질 수 있도록 다음과 같은 실천법을 적용해 보세요.

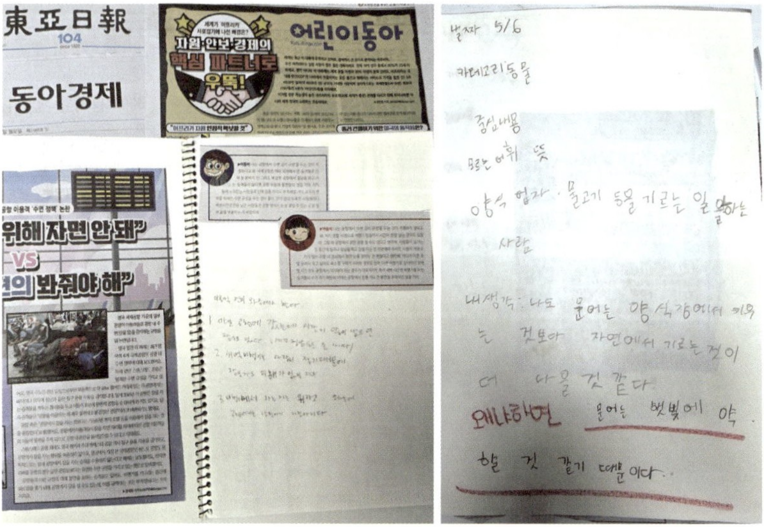


▲ 신문 스크랩북

1. 매일 10~15분 신문 읽는 시간을 정하기
2. 아이와 함께 기사를 읽고, 간단한 질문을 던지며 생각 확장하기
3. 주 1회 신문 토론 시간을 정해 아이와 대화 나누기
4. 읽은 기사를 글로 정리하여 자신의 의견을 표현하는 연습하기
5. 스크랩북에 관심 있는 기사를 모으고, 정리하는 습관을 들이기

신문 읽기는 단순한 독서 활동이 아닙니다. 세상을 이해하고 자신의 생각을 표현하는 능력을 키우는 과정입니다. 부모가 먼저 신문을 가까이하고, 아이와 함께 꾸준히 실천해 나간다면 신문 읽기는 집공부의 강력한 학습 도구가 될 것입니다. 오늘부터 실천해 보세요.

# TIP
# 엄마표 신문 교육 활동

## 1. NIE란?

NIE는 New In Education 의 약자로, '신문 활용 교육'을 뜻합니다. 신문을 학습 교재로 활용하여 읽기와 쓰기, 창의력과 비판적 사고력을 기르는 교육법으로, 최근에는 이와 관련된 책들이 큰 인기를 얻기도 했죠. 논술 학원에서 필수적으로 하는 활동이기도 합니다.

## 2. 어린이 신문

어린이 신문은 보통 어른 신문과 패키지로 구성되어 있습니다. 〈어린이 동아〉, 〈어린이 조선일보〉가 대표적입니다. 이밖에도 어린이를 위한 영자 신문인 〈NE TIMES〉, 〈KIDS TIMES〉 그리고 한 분야에 특화된 신문인 〈어린이 경제신문〉 등이 있습니다.

| | |
|---|---|
| 처음 시작하는 신문읽기 | 어린이들이 볼 만한 뉴스만 모아둔 사이트입니다. 수시로 최근 기사들이 업데이트 되며, 별도의 회원 가입이 필요 없어서 편리합니다. |
| 어린이 경제신문 | 어린이 경제신문을 무료로 볼 수 있습니다. 다양한 논술수업이 있어서 온라인으로 수업하기 용이합니다. |
| 어린이 동아 | 어린이 동아의 홈페이지입니다. 광고가 많아 출력해서 보여주는 것이 더 좋습니다. |
| NE Times | 영자 신문을 무료로 볼 수 있습니다. 유료 사이트라 한 회당 기사가 한 개씩 무료로 서비스됩니다. 단어장, 해석본, 기사의 음성을 무료로 들을 수 있습니다. |
| 중앙일보 | [영어 학습] 메뉴에서 영어와 한글을 동시에 서비스합니다. 음성은 따로 지원되지 않습니다. |
| Breaking News English | 여러 뉴스들을 모아서 레벨별로 제공하며, 활동지도 있습니다. 외국 사이트라 한글 번역을 따로 제공하지는 않습니다. |
| Time for Kids | 어린이 대상의 뉴스만 모아놓은 사이트입니다. 기사들이 레벨별, 카테고리별로 정리가 잘 되어 있고 어린이가 직접 읽어줍니다. |

## 3. NIE 수업 참고 사이트

| | |
|---|---|
| 웃는샘의 꿈 좇는 이야기 | NIE 자료들을 업데이트하는 블로그로, 기사부터 활동지까지 한 번에 다운이 가능해 유용합니다. |

| | | |
|---|---|---|
| 한국신문협회 NIE | | 한국신문협회에서 제공하는 다양한 NIE 자료와 가이드 등을 내려받을 수 있습니다. |
| e-NIE | | 다양한 뉴스 정보와 활동지까지 다운로드할 수 있는 사이트입니다. |

국어

# 독서 토론으로 듣기와 말하기 능력 키우기

저는 아이들이 어릴 때부터 책과 친해질 수 있도록 자주 기회를 만들어주었고, 그 결과 가족 모두가 책을 가까이 하는 습관을 가지게 되었습니다. 아이들이 초등학교에 들어가고 나서는 독서를 더 재미있고 의미 있게 확장시켜 주기 위해 새로운 시도를 했습니다.

바로 '독서 토론'입니다. 독서 토론은 우리 가족에게 많은 변화를 가져다주었습니다. 때로는 격렬한 논쟁이 벌어지기도 했지만, 그 과정을 통해 모두가 성장할 수 있는 기회가 되었죠.

주말 저녁이면 온 가족이 자연스럽게 거실에 모여 각자 읽고 있는 책에 대해 이야기를 나누기 시작합니다. 처음에는 줄거리나 인상적인 장면에 대해 이야기하는 정도였습니다. 아이들은 주로 자신이 좋아하는 장면을 설명하거나 캐릭터에 대한 인상을 이야기하곤 했습니다. 하지만 시간이 지날수록 질문의 깊이가 달라졌습니다. 아이들이 단순히 줄거리를 요약하는 것을 넘어서, 책 속에서 발생하는 사건들에 대한 자신의 견해를 말하기 시작한 것입니다. "왜 주인공이 그런 선택을 했을까?", "그 상황에서 내가 그 캐릭터였다면 어떻게 했을까?" 하고 주인공에 자신을 대입하는 질문들이 나왔고, 더욱 깊이 있는 논의로 이어졌습니다.

물론 이 과정이 항상 순조로웠던 것은 아닙니다. 한 번은《톰 소여의 모험》을 읽고 나서 두 아이의 의견이 크게 갈리며 열띤 토론이 벌어졌습니다. 아이들은 톰의 행동에 대해 계속해서 질문을 던졌고, 자신의 생각을 강하게 주장했습니다. 결국 대화는 자연스레 논쟁으로 흘러갔고, 격해진 대화를 조율하는 데 시간이 한참 걸렸습니다. 하지만 이런 경험은 아이들에게 서로의 의견을 경청하는 법과 다른 사람의 입장을 존중하는 법을 가르쳐주는 중요한 기회가 되기도 했습니다.

독서 토론은 책을 고르는 과정부터 토론의 준비, 진행까지 가족 모두가 참여합니다. 책을 선택할 때는 각자 읽고 싶은 책을 추천한 후, 투표를 통해 결정합니다. 그리고 매일 저녁 30분씩 가족이 함께 모여 책을 읽는 시간을 가집니다. 이때 중요한 것은 모든 사람이 독서에 참여하는 것입니다. 각자 읽는 속도나 스타일이 다르더라도 괜찮습니다.

책을 읽으면서 각자 좋았던 장면이나 궁금한 점, 느낀 점 등을 작은 메모로 정리합니다. 그 메모가 토론 시간에 중요한 자료로 사용됩니다. 저희 집은 주로 주말 아침에 모여서 책에 대해 이야기를 나눕니다. 아이들은 각자의 생각을 자유롭게 발표하고, 서로의 의견을 주고받습니다. "톰 소여는 여러 가지 모험을 겪었는데, 그중에서도 톰이 가장 용감했던 순간은 언제일까?"라는 질문으로 시작된 토론은 용기와 선택에 대한 깊은 논의로 이어지기도 했습니다.

저는 독서 토론을 강력히 추천합니다. 긍정적인 변화를 체감할 수 있는 활동이기 때문이죠. 우선 아이들이 자신의 생각을 명확하게 표현하는 능력이 크게 향상되었습니다. 토론을 통해 아이들은 자신이 왜 그렇게 생각하는지 논리적으로 설명해야 했고, 이를 통해 생각을 정리해서 말하는 능력이 발전했습니다. 가끔은 의견이 충돌하기도 하지만, 그러한 경험 역시 중요한 배움의 기회입니다. 토론이 단순히 의견을 주고받는 것이 아니라, 서로의 입장을 이해하고 존중하는 과정임을 깨달을 수 있기 때문입니다.

두 번째로, 아이들이 책을 다양한 관점에서 분석하는 능력이 발전했습니다. 책 속 인물의 행동을 분석하고, 그 인물이 처한 상황을 다양한 각도로 바라보면서 아이들의 공감 능력도 자연스럽게 향상되었어요.

또한, 독서 토론은 가족 간의 유대감을 강화하는 데 큰 역할을 했습니다. 함께 책을 읽고, 그 책에 대해 대화하며 생각을 공유하는 시간은 우리 가족을 더 가깝게 만들었습니다. 서로의 의견을 존중하면서도 자연스럽게 의견을 교환할 수 있는 환경이 조성되었고, 이는 아이들의 자신감 향상에도 큰 도움이 되었습니다.

마지막으로, 정기적인 독서 토론은 책 읽는 습관을 형성하는 데 큰 도움이 됩니다. 이제 책 읽기는 일상 중 중요한 부분이 되었고, 아이들은 책 속에서 발견한 새로운 지식을 서로 나누는 것을 즐기게 되었습니다. 물론 여전히 "또 책이야?"라며 투덜거리기도 하지만, 결국에는 스스로 책을 읽습니다.

독서 토론은 단순히 독서의 즐거움을 넘어, 가족 모두가 함께 성장하고 발전하는 중요한 활동입니다. 책을 통해 우리는 새로운 세계를 탐험하고, 서로의 생각을 나누며 더 나은 관계를 만들어 나갈 수 있습니다. 여러분도 가족과 함께 독서 토론을 시작해 보세요. 작은 대화에서 출발한 독서 토론이 큰 변화를 가져올 것입니다. 그리고 마지막으로 잊지 말아야 할 중요한 팁, 토론 중에 간식이 있으면 훨씬 더 평화롭게 진행됩니다.

# TIP 온 가족이 함께 토론하기 좋은 추천 도서

## 1. 초등학교 저학년(1, 2학년)

**《슈퍼 거북》**(유설화 글·그림)

느리지만 꾸준히 노력하는 거북이가 결국 성공하는 이야기입니다.

**토론 주제** 빠르게 하는 것과 꾸준히 하는 것, 어떤 것이 더 중요할까?
내가 꾸준히 노력해서 이루고 싶은 목표는 무엇일까?

**《피터 팬》**(제임스 매튜 베리 글)

피터 팬의 모험을 통해 성장은 때로는 필요하고 의미 있는 일이라는 것을 배울 수 있습니다.

**토론 주제** 피터 팬처럼 영원히 어린이로 살 수 있다면 좋을까?
어른이 된다는 것은 어떤 의미일까?

**《가시 소년》**(권자경 글·하완 그림)

몸에 가시가 돋은 소년이 다른 사람들과 어울리기 위해 용기를 내어 세상 밖으로 나가는 이야기입니다.

**토론 주제** 나와 다른 사람을 보면 어떤 생각이 들까?
내 마음에도 가시가 있다면 어떤 것일까?

**《만복이네 떡집》**(김리리 글·이승현 그림)

신비한 떡집에서 다양한 떡을 만들며 특별한 경험을 하는 만복이의 이야기입니다.

**토론 주제** 우리 동네에도 이런 특별한 가게가 있다면 어떤 음식을 팔고 있을까?
전통 음식이 중요한 이유는 무엇일까?

## 2. 초등학교 중학년(3, 4학년)

**《팝콘 밥》시리즈**(마랑케 링크 글·마르테인 판데르린덴 그림·신동경 역)

운명처럼 만난 팝콘 밥과 팝콘을 사랑하는 소녀 엘리스가 서로를 이해하고 친구가 되는 이야기입니다.

**토론 주제** 나도 밥처럼 정말 좋아하는 음식이나 취미가 있을까?
친구와 함께 새로운 도전을 한다면, 어떤 걸 하면 좋을까?

**《로봇의 별》시리즈**(이현 글·오승민 그림)

감정과 사고를 가진 로봇과 인간들이 공존하는 세상을 배경으로 한 SF 이야기입니다.

**토론 주제** 로봇이 감정을 가진다면 인간과 어떻게 다를까?
미래 사회에서 인간과 로봇은 어떤 관계를 맺게 될까?

**《내가 나라서 정말 좋아》**(김지훤 글·하꼬방 그림)

자존감과 자기 긍정을 키울 수 있도록 돕는 따뜻한 이야기입니다

**토론 주제** 나는 내가 나라서 다행이라고 생각한 적이 있을까?
친구가 스스로를 소중하게 여기지 않는다면, 어떤 말을 해주면 좋을까?

**《장영실, 하늘이 낸 수수께끼를 푼 소년》**(박혜숙 글, 이지연 그림)

조선 시대 과학자 장영실이 어려운 환경 속에서도 포기하지 않고 연구를 이어가는 이야기입니다. 별을 관측하며 천문학을 발전시킨 장영실의 열정을 통해 도전의 가치를 배울 수 있습니다

**토론 주제** 나는 어떤 문제를 해결해 보고 싶을까?
세상에 없는 것을 발명한다면 어떤 것을 만들면 좋을까?
과학이 발전하면서 우리의 삶은 어떻게 달라졌을까?

**《초등학생을 위한 나의 라임 오렌지나무》**(J.M.바스콘셀로스 원작·최수연 그림·박동원 역)

장난꾸러기 제제가 겪는 성장과 사랑, 가족 이야기입니다.

**토론 주제** 제제는 왜 상상의 친구와 이야기할까?
내가 제제라면 어떤 선택을 했을까?

**《나의 스파링 파트너》**(박하령 글)

도전과 성장이라는 주제를 유지하면서, 현실적인 고민을 담은 이야기입니다. 복싱을 배우는 주인공이 친구와의 관계 속에서 성장하는 모습을 볼 수 있습니다.

**토론 주제** 운동이나 새로운 도전을 통해 내가 성장한 경험이 있을까?
나에게도 스파링 파트너 같은 친구가 있을까?
노력하면 정말 원하는 걸 이룰 수 있을까?

## 3. 초등학교 고학년(5, 6학년)

**《완득이》**(김려령 글)

어려운 환경에서도 자신만의 길을 찾아 나가는 완득이의 이야기입니다.

**토론 주제** 어려움을 극복하는 힘은 어디에서 올까?
내가 완득이의 친구라면 어떤 조언을 해줄까?

**《자전거 도둑》**(박완서 글)

삶의 소소한 순간들을 따뜻한 시선으로 바라보는 이야기입니다.

**토론 주제** 우리가 일상에서 놓치고 있는 소중한 것은 무엇일까?

**《기억 전달자》**(로이스 라우리 글·장은수 역)

감정과 기억이 통제되는 사회에서 한 소년이 진실을 알게 되는 이야기입니다.

**토론 주제** 기억과 감정이 없는 사회는 어떤 모습일까?
우리가 행복해지기 위해서 아픈 기억도 필요할까?

**《아몬드》**(손원평 글)

감정을 잘 느끼지 못하는 주인공이 다양한 사람들을 만나며 성장하는 이야기입니다.

**토론 주제** 감정을 표현하는 것은 왜 중요할까?
우리는 다른 사람의 감정을 이해하려면 어떻게 해야 할까?

**《어린이를 위한 정의란 무엇인가》**(안미란 글·정진희 그림·조광제 감수)

정의와 도덕적 선택이 무엇인지 쉽고 재미있게 설명해 주는 책입니다.

**토론 주제** 정의란 무엇일까?
정의로운 선택을 해야 하는 상황이 있다면 나는 어떻게 할까?

수학

# 보드게임으로 놀면서 배우기

수학은 많은 아이들에게 어려운 과목으로 느껴질 수 있지만, 이를 재미있는 놀이로 바꾸어 가르치면 훨씬 더 흥미롭게 학습할 수 있습니다. 그중 하나가 보드게임을 활용하는 것입니다. 보드게임은 수학적 개념을 자연스럽게 익히고 수학적 사고력을 기르는 데 탁월한 도구입니다. 다양한 보드게임을 활용하면 수학 시간을 재미있게 만들 수 있죠. 실제로 제가 가장 많이 활용한 보드게임들을 소개해 보겠습니다.

### ① 연산력을 키우는 게임

'셈셈 테니스'는 덧셈과 뺄셈을 익히는 데 효과적인 게임입니다. 이 게임은 테니스 경기를 모티브로 하여 숫자를 더하고 빼는 방식으로 진행되며, 아이의 계산 실력을 자연스럽게 키울 수 있습니다. 게임은 상대방과 주고받는 방식으로 진행되고, 빠르게 숫자를 더하거나 빼야 하기 때문에 아이의 연산 속도와 정확도를 동시에 향상시킵니다. 이 보드게임은 특히 산만한 아이들이 집중력을 유지하며 수학적 연산을 연습할 수 있도록 도와줍니다.

### ② 시간 개념을 익히는 게임

'시간 도둑'은 시간 계산 능력을 길러주는 보드게임입니다. 이 게임은 시계를 이용하여 몇 시 몇 분인지 계산하며 진행되는데, 아이가 시간을 더하거나 빼면서 문제를 해결해야 합니다. 게임을 하면서 아이가 자연스럽게 시계 읽기와 시간 계산을 배우고, 시간의 흐름을 이해하게 됩니다. 이 과정에서 시간을 빼앗거나 도둑맞는 설정이 포함되어 있어, 아이가 게임을 통해 수학적 문제 해결력을 재미있게 익힐 수 있습니다.

### ③ 논리적 사고를 기르는 게임

'세트SET'는 패턴 인식과 논리적 사고를 키워주는 게임입니다. 이 게임은 패턴을 찾아내고, 같은 종류의 카드를 조합하는 방식으로 진행됩니다. 다양한 패턴을 찾고 조합하는 과정에서 문제 해결 능력도 자연스럽게 향상됩니다.

'쿼리도Quoridor'는 전략적 사고와 공간 지각 능력을 기르는 게임입니다. 이 게임은 보드 위에서 장애물을 설치하거나 이동하면서 상대

▲ 흥미를 갖고 보드게임을 하는 아이들

방을 막고 자신이 목표에 먼저 도달하는 방식으로 진행됩니다. 게임을 하면서 경로 계획과 장애물 설치 전략을 구상해야 하므로, 여러 번의 시도와 실패를 통해 더 나은 전략을 만들어가는 과정에서 사고력이 발달합니다.

### ④ 분수 개념을 익히는 게임

'프랙션 존Fraction Zone'은 아이가 분수의 개념을 이해하기 쉬운 게임입니다. 분수 타일을 사용하여 분수를 조합하거나 나누는 방식으로 진행되는데, 시각적으로 분수의 크기와 분모, 분자의 관계를 이해할 수 있습니다.

### ⑤ 기하학적 사고를 키우는 게임

'헥서스 플러스Hexus plus'는 도형과 공간적 사고를 배울 수 있는 게임입니다. 헥사곤 타일을 배치하면서 점수를 얻는 방식으로 진행되는데, 타일을 배치할 때 도형의 특징과 공간 관계를 고려해야 합니다. 아이는 타일을 적절히 배치하기 위해 공간적 사고를 발휘하고, 기하학적 개념을 자연스럽게 익히게 됩니다. 도형에 대한 흥미를 높이고, 추상적인 기하 개념을 더 쉽게 이해할 수 있도록 도와주는 게임입니다.

보드게임을 선택할 때는 아이의 나이뿐만 아니라 관심사와 현재 수학 실력을 고려하는 것이 중요합니다. 예를 들어 연산력이 부족한 아이와는 셈셈 테니스를 하는 것이 좋고, 전략적 사고를 키우고 싶은 아이와는 쿼리도를 하는 것이 좋습니다. 또한, 게임의 난이도와 플레이 방식이 아이의 성향에 맞는지도 살펴보아야 합니다. 경쟁보다 협력을 좋아하는 아이에게는 협력형 보드게임을 추천하며, 빠른 판단력이 필요한 게임을 부담스러워하는 경우 천천히 사고할 수 있는 게임을 선택하는 것이 바람직합니다.

보드게임을 활용한 학습의 핵심은 재미와 성취감을 통해 수학습에 대한 긍정적인 경험을 쌓는 것입니다. 각 보드게임의 권장 연령과 활용 팁을 참고하여 아이에게 적절한 게임을 선택하고, 수학을 자연스럽게 즐길 수 있도록 도와주세요.

# TIP

## 학년별 추천 보드게임

교과서와 학습 자료를 준비하는 것도 중요하지만, 아이들이 즐겁게 사고력을 키울 수 있는 놀이 시간도 필요하죠. 보드게임은 놀면서 수학 개념을 익히게 할 수 있는 최고의 도구입니다. 연산, 도형, 논리, 시간, 분수 등 각 학년에서 배우는 수학 개념을 자연스럽게 익히고 흥미를 높일 수 있어요. 학년별로 추천하는 보드게임을 통해 아이들이 놀이 속에서 수학을 재미있게 경험하고, 배운 개념을 생활 속에서 활용할 수 있도록 도와주세요.

### 1. 초등학교 1학년

셈셈 피자가게
(연산)

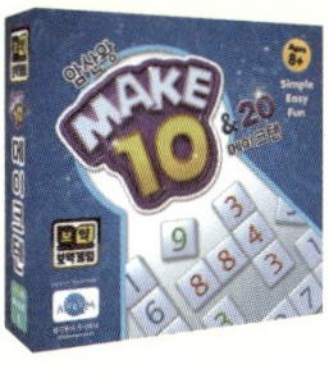


암산왕 메이크텐
(연산)

젬블로
(도형)

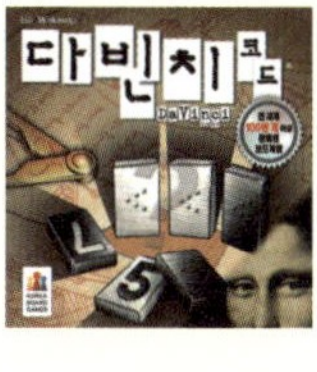


다빈치 코드
(논리)

## 2. 초등학교 2학년

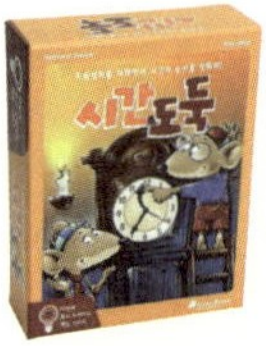


**시간 도둑**
(시간)

**셈셈 테니스**
(연산)

**세트**
(도형)

**스도쿠**
(논리)

## 3. 초등학교 3학년

**프랙션 존**
(분수)

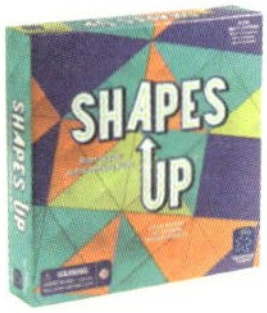


**쉐입스 업**
(도형)

**쿼리도**
(논리)

**셈셈 눈썰매장**
(연산)

## 4. 초등학교 4학년

**셈셈 롤러코스터**
(연산)

**피라믹스**
(도형)

**펜타고**
(도형)

**젝스님트**
(논리)

## 5. 초등학교 5학년

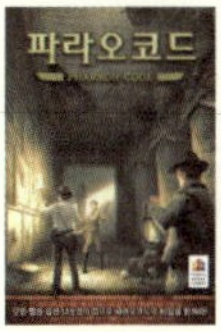


파라오코드
(연산)

씽크 스트레이트
(논리)

쌓기나무 3D
(도형)

헥서스 플러스
(도형)

## 6. 초등학교 6학년

블록 바이 블록
(도형)

테이크 잇 이지
(논리)

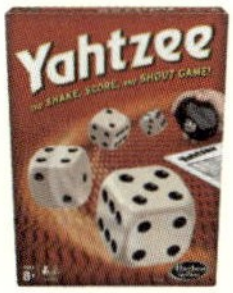


야치
(확률, 통계)

비빙고
(비와 비율)

수학

# 교구로 개념 잡고 숫자와 친해지기

어린 시절 수학 시간에 얼굴이 붉어졌던 기억이 있나요? 저도 그중 한 명입니다. 중고등학교 시절 수학 평균 점수가 40점대였던 저는 고민할 여지없이 문과로 진학했습니다. 놀랍게도 그런 제가 지금은 20년째 아이들에게 수학을 가르치고 있습니다. 어떻게 가능했을까요? 초등 수학은 쉬워서 가능하다고 생각할 수도 있습니다. 물론 그것도 이유가 될 수 있지만, 공부를 '잘하는 것'과 '잘 가르치는 것'은 다르기 때문에 가능했다고 생각합니다.

수십 년 전에 배운 내용이라 기억이 안 날 것 같지만 수학 교과서 설명을 읽으면 대부분의 부모가 쉽게 풀 수 있을 정도로 초등 수학은 어렵지 않습니다. 하지만 왜 그렇게 답이 나왔는지 아이에게 설명하는 것은 쉽지 않습니다. 하지만 제가 직접 가르쳐보니 초등 수학 정도는 지침서 없이도 아이에게 알려줄 수 있습니다. 특히 저학년 수학은 더욱 그렇습니다. 직접 문제를 읽고 푸는 양이 적고, 수학의 원리를 설명하는 것이 쉽기 때문입니다. 초등 저학년 수학은 기초 연산을 다루기 때문에 반복이 대부분입니다.

하지만 아들은 반복과 연습을 가장 싫어하죠. 시작도 하기 전에 눕거나 연필로 지우개를 찌르기 시작하고, 동시에 가르치는 부모는 슬슬 화가 나기 시작합니다. 연산을 시작한 지 5분 만에 아이가 소리를 지르거나 울면서 수업을 마치는 게 일상입니다.

저는 산만한 아이들을 위한 수학 학습법을 고민한 끝에 유아 수학에서 배운 구체물을 이용하기 시작했습니다. 구체물은 아이의 집중도를 높이고, 수학 원리에 대한 이해도와 기억력도 향상시킵니다. 또 유아뿐 아니라 초등을 지나 중학 수학까지도 이용할 수 있습니다. 그럼 구체물을 어떻게 활용할 수 있는지 자세히 알아보겠습니다.

### ① 수 개념과 친해지기

수 모형과 포스트잇을 사용하면 좋습니다. 아이에게 수 모형을 세게 하여 각각의 수를 포스트잇에 적습니다. 23개의 수 모형이 있다면, 아이가 하나씩 세어 23이라고 적은 포스트잇을 붙이게 합니다. 이렇게 수 모형을 활용하면 아이가 숫자를 시각적으로 인식하고, 읽고 쓰는 능력을 키우는 데 도움을 줍니다. 또 포스트잇에 수 모형을 나누어 담는 활동을 할 수도 있습니다. 예를 들어 30개의 수 모형을 10개씩

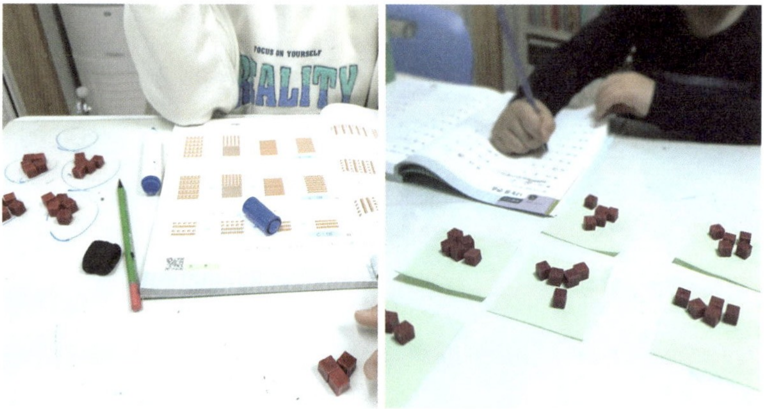


▲ 보수, 나눗셈 개념 익히기

3개의 그룹으로 나누고, 각 그룹에 '10'이라고 적은 포스트잇을 붙입니다. 이렇게 하면 보수 개념을 자연스럽게 익히게 됩니다.

사다리 게임도 좋은 교보재입니다. 두 개의 주사위를 사용해 두 주사위의 합만큼 말을 움직이게 하면 자연스럽게 덧셈을 연습할 수 있습니다. 숫자가 적혀있는 게임판을 활용해 100까지 먼저 도달하는 사람이 이기는 룰을 적용할 수도 있습니다. 아이가 게임판을 보면서 숫자의 순서를 자연스럽게 익힐 수 있죠.

교구를 직접 만들어서 사용할 수도 있습니다. 1부터 100까지 숫자가 적힌 숫자판을 출력하면 됩니다. 그리고 연산 문제를 풀 때 숫자판을 활용하게 해보세요. '5+3' 문제를 풀 때 이 숫자판을 꺼내어 아이가 직접 말을 움직여 답을 찾도록 하면 됩니다.

### ② 일상에서 시간 개념 익히기

초등학교 2학년이 되면 학교에서 시간 개념을 배웁니다. 많은 아이들이 헷갈려하죠. 이럴 때는 집의 시계를 24시간 모드로 설정하는 것이 좋습니다. 그리고 "15시에 간식 먹을 거야" 하고 일러주어 15시가 오후 3시임을 익숙하게 만들어줍니다. 날짜 학습을 할 때도 시간과 마찬가지로 집의 달력을 활용합니다. 특별한 날을 정해놓고 얼마나 남았는지 계산하는 연습을 하면 좋습니다. 예를 들어 "일주일 뒤는 엄마의 생일이네, 그럼 며칠이 남았을까?" 하고 같이 달력을 보며 남은 날짜를 세어봅니다.

길이와 도형을 학습할 때는 집에 있는 물건들을 적극적으로 활용해 보세요. 자, 저울, 계량컵 등을 사용해 실제 물건의 길이와 무게, 부피를 측정합니다. "이 연필의 길이는 몇 센티미터일까?" 하고 아이가 자주 쓰는 물건의 크기를 직접 측정하게 합니다. 또 이쑤시개와 클레이를 이용해 다양한 도형을 만들 수도 있습니다. 삼각형, 사각형, 오각형 등을 만들어보고, 각 도형의 꼭짓점, 변, 각을 찾아 세어보는 활동을 합니다.

네 자리 수를 학습할 때는 탁상용 달력을 활용하면 좋습니다. 0부터 9까지의 숫자를 붙인 탁상용 달력을 사용해 네 자리 수를 읽고 쓰는 연습을 합니다. 아이가 어느 정도 네 자리에 익숙해지면 퀴즈를 내보세요. 부모가 숫자를 불러주고 아이가 달력으로 숫자를 만들어보는 것입니다. 탁상용 달력을 활용하면 아이가 다섯 자리 수까지도 쉽게 익힐 수 있습니다.

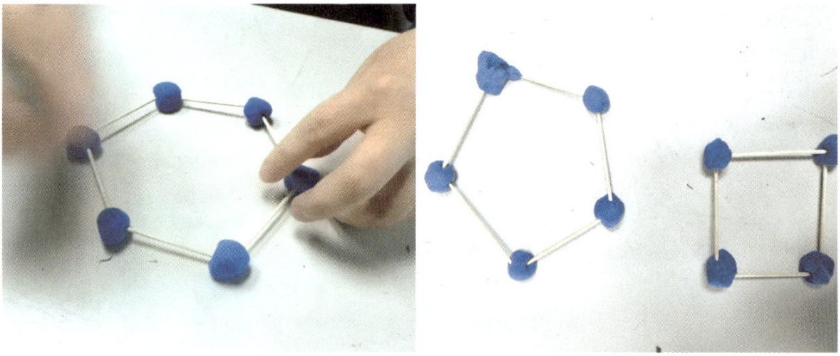

▲ 이쑤시개와 클레이로 다각형 만들기

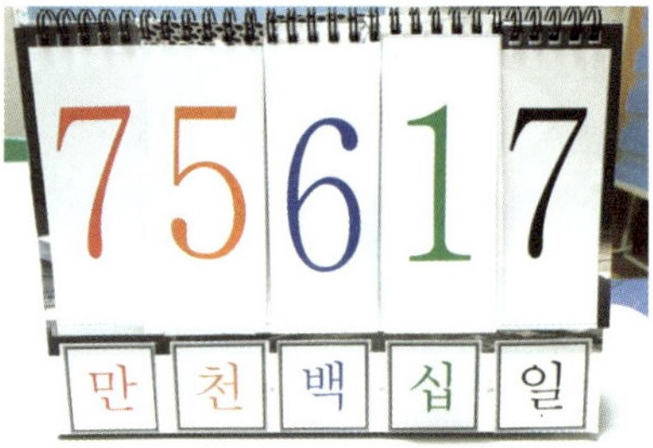


▲ 작년의 탁상용 달력으로 만든 다섯 자리 수 달력

### ③ 사칙연산과 소수, 분수 배우기

십의 자리 덧셈과 뺄셈을 아이가 어려워할 때는 숫자 카드를 만들어 수직선 위에 놓고, 덧셈과 뺄셈을 시각적으로 이해할 수 있도록 도와줄 수 있습니다. 예를 들어, 12+15를 할 때, 12에서 시작해 15만큼 이동시키며 결과를 확인하게 합니다. 가장 좋은 것은 장을 볼 때 아이와 함께하는 것입니다. 아이에게 물건의 가격을 더하고 거스름돈을 계산하게 하면 실생활에서 자연스럽게 덧셈, 뺄셈을 연습할 수 있죠.

▲ 숫자판과 사다리판을 이용하기

3학년이 되면 본격적으로 곱셈과 나눗셈을 배우기 시작합니다. 무작정 구구단을 외우도록 하는 것보다 곱셈의 원리를 이해시키는 것이 더 중요합니다. 곱셈의 개념이 반복된 덧셈이라는 것을 알려주는 것이죠. 예를 들어 2×4를 알려줄 때, 4개의 접시를 준비하고 각 접시마다 사과를 2개씩 올려놓습니다. 2를 4번 더하는 것이 2×4의 의미임을 알려줍니다. 이때 아이가 자주 가지고 노는 블록이나 구슬, 동전 등을 활용해도 좋습니다.

나눗셈의 원리를 알려줄 때도 마찬가지입니다. 반복된 뺄셈으로 알려주는 것입니다. 만약 12÷3이라면 블록 12개를 놓고 3개씩 반복

▲ 분수 개념 익히기

하여 빼봅니다. 그럼 총 4회 만에 블록이 사라지는 것을 보며 아이가 나눗셈을 이해할 수 있게 됩니다.

소수와 분수도 시각화하여 학습할 수 있도록 합니다. 일의 자리보다 작은 값을 가진 소수는 자의 눈금자를 활용하여 0.1cm, 0.2cm, 0.3cm 등 직접 눈으로 보면서 익히게 하면 좋습니다. 분수는 케이크나 파이를 활용하면 아이의 집중력이 상승합니다. 사각형인 오예스, 원형인 초코파이를 사용하면 분수의 개념을 알려주기 쉽습니다. 또는 생활 속에서 요리할 때 재료를 나누어 설명할 수도 있습니다. 밀가루가 담긴 컵과 빈 컵을 주며 "이 밀가루를 1/2컵씩 나누려면 몇 번 나누어야 할까?" 하고 유도하는 것이죠.

또한 칠교 조각은 다양한 도형을 아이가 직접 만들어 꼭짓점, 변, 각을 찾아 세어보기 좋은 교구입니다. 색종이로 칠교 조각을 접어 도형의 성질을 탐구할 수 있는 방법도 있습니다.

### ④ 개념을 단단히 다지기

초등 수학은 기초 개념을 확실히 다지는 것이 중요합니다. 암산으로 빠르게 답을 찾는 아이들도 기초 개념이 튼튼하지 않으면 복잡한 문제에서 계산 실수를 하게 됩니다. 그러므로 아이가 빨리 다음 단계로 넘어가고 싶어 하더라도 기초 개념을 반복하도록 유도해 주세요.

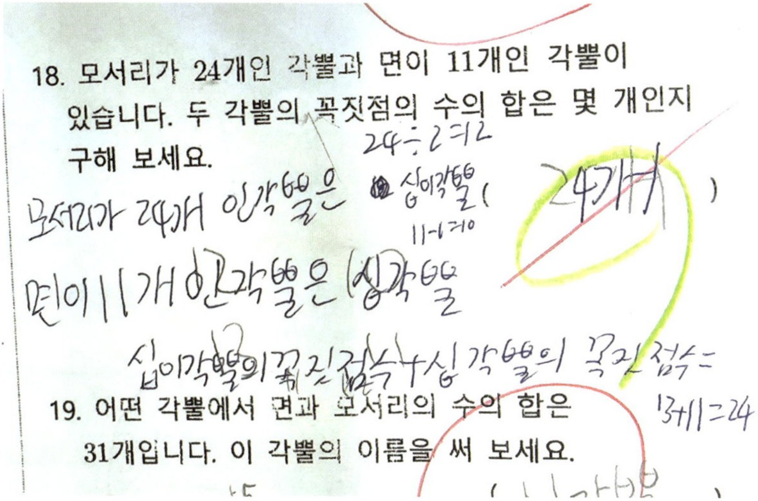
18. 모서리가 24개인 각뿔과 면이 11개인 각뿔이 있습니다. 두 각뿔의 꼭짓점의 수의 합은 몇 개인지 구해 보세요.

모서리가 24개 인각뿔은 십이각뿔

면이 11개 인 각뿔은 십각뿔

십이각뿔의 꼭짓점수+십각뿔의 꼭짓점수=

13+11=24

( 24개 )

19. 어떤 각뿔에서 면과 모서리의 수의 합은 31개입니다. 이 각뿔의 이름을 써 보세요.

▲ 아들의 흔한 풀이 과정

저는 아이들에게 매일 아침 30분씩 교과서를 읽고 그 부분의 개념을 노트에 정리하도록 했습니다.

또 아이가 부모에게 개념을 직접 설명하는 것도 효과적입니다. 이때 '비주얼 노트'를 활용할 수 있는데, 하나의 개념을 중심으로 관련된 하위 개념들을 가지치기 형태로 정리한 것입니다. 아이가 개념을 시각적으로 정리하면 부족한 부분을 명확히 파악하여 보충해 줄 수 있습니다. 부족한 개념 강의는 칸 아카데미와 유튜브, EBS math 등의 사이트에서 질 좋은 교육 영상을 활용할 수 있습니다.

수학은 문제를 많이 풀어보는 것이 중요합니다. 처음에는 쉬운 문제부터 시작해서 점차 어려운 문제로 도전해야 합니다. 아이의 수준에서 이미 쉬운 문제일 때는 암산으로 먼저 문제를 풀어보게 한 후, 2차로 노트에 풀이 과정을 적어보도록 하면 좋습니다. 풀이 과정은 자세히 쓰도록 지도해 주세요.

### ⑤ 수학 오답노트 작성법

주원이가 적었던 오답노트를 예시로 효과적인 작성법을 소개하겠습니다.  첫 번째로, 틀린 문제를 분석하고 기록하는 것이 중요합니다. 숙제나 시험에서 틀린 문제를 모아 오답노트를 작성하게 하세요. 이때 틀린 이유를 반드시 적어야 합니다. 그게 실수일지라도 말이죠. 그래야 계산 실수가 잦다는 것도 파악할 수 있습니다.

오답노트에 풀이 과정을 자세히 적는 습관을 기르는 것이 매우 중요합니다. 예를 들어 24÷8의 풀이 과정을 적는다면, '1단계: 24를

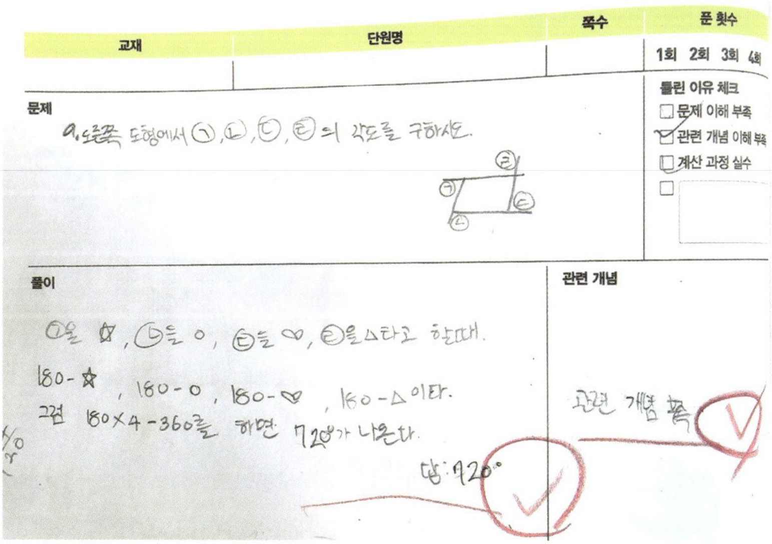

| 교재 | 단원명 | 쪽수 | 푼 횟수 |
|---|---|---|---|
| | | | 1회 2회 3회 4회 |

문제

9. 오른쪽 도형에서 ㉠, ㉡, ㉢, ㉣의 각도를 구하시오.

틀린 이유 체크
- □ 문제 이해 부족
- ☑ 관련 개념 이해 부족
- □ 계산 과정 실수
- □

풀이

㉠을 ☆, ㉡을 ○, ㉢을 ♡, ㉣을 △라고 할때.
180-☆, 180-○, 180-♡, 180-△이다.
그럼 180×4-360를 하면 720°가 나온다.
답: 720°

관련 개념

관련 개념

▲ 주원이의 오답노트

8로 나눈다', '2단계: 결과인 3을 적는다' 하고 각 계산 단계를 차근차근 적도록 지도해 주세요. 이렇게 오답노트와 풀이 과정을 작성했다면, 정기적으로 복습하는 것이 중요합니다. 주간 혹은 월간 복습 계획을 세워서 정기적으로 학습한 내용을 다시 봅니다.

이처럼 초등 수학은 기초 개념을 확립하고, 다양한 자료를 활용하며, 문제를 많이 풀어보는 것이 전부라고 해도 무방합니다. 그 과정에서 오답노트를 작성하고 풀이 과정을 자세히 적는 습관을 기르면 중학 수학까지 이어지는 탄탄한 기반을 마련할 수 있습니다.

# TIP 초등 수학 단계별 추천 문제집

문제집을 선택할 때는 서점에 방문하여 여러 교재를 직접 펼쳐보고, 아이가 문제 유형과 구성에 흥미를 느끼는 교재를 고를 수 있도록 하는 것이 중요합니다. 같은 수준의 문제집이라도 아이가 부담 없이 재미있게 풀 수 있는 것이 가장 좋은 교재입니다.

여기에서는 제가 가장 많이 활용한 기본, 응용, 심화 3단계의 단계별 문제집을 소개하겠습니다. 특히 저학년 때 많이 활용되는 사고력 교재와 초등 고학년 아이들이 어려워하는 분수 개념을 집중적으로 다룬 교재도 따로 구분하여 추천하였으니 참고해 주세요.

## 1. 기본 문제집

큐브수학 개념 초등 수학

개념이 쉬워지는 생각수학 초등

EBS 만점왕 수학

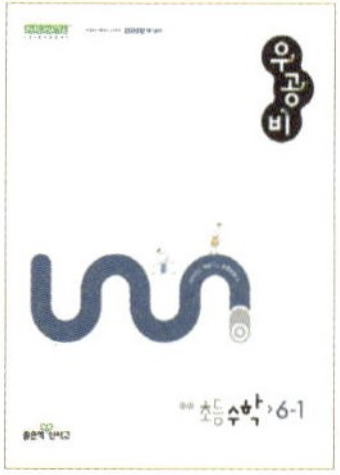


신사고 우공비 초등 수학

## 2. 응용 문제집

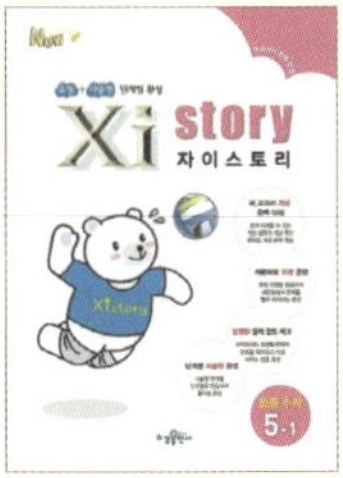

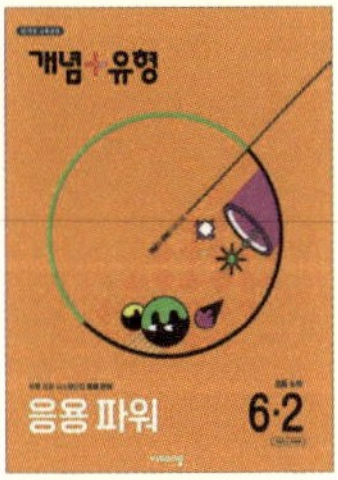


디딤돌 초등수학
기본+응용

자이스토리
초등 수학

신사고 쎈
초등 수학

개념+유형 응용
파워 초등수학

## 3. 심화 문제집

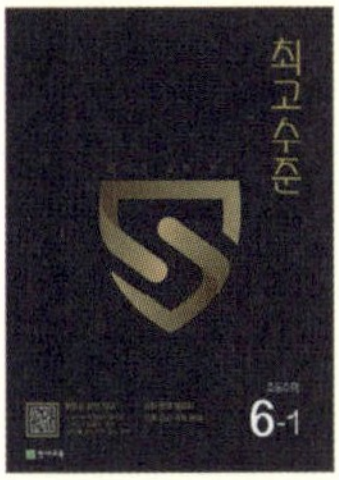


최상위 초등수학S

문제 해결의 길잡이
심화 수학

점프왕수학 최상위

최고수준 초등수학

## 4. 사고력/ 분수 문제집

초등 분수
개념이 먼저다

바쁜 3, 4학년을
위한 빠른 분수

영재사고력수학
1031 입문

초등 창의사고력
수학 팩토

사회

# 체험하며 배우는 한국사 여행

저는 4학년이었던 주원이가 겨울방학을 맞았을 때 '한국사 프로젝트'에 돌입했습니다. 초등학교 5학년 2학기 사회 시간에 배울 한국사를 대비하기 위해서였죠. 단순히 교과서로 배우는 것만으로는 아이가 역사를 흥미롭게 받아들이기 어려울 것 같아 좀 더 자연스럽고 재미있게 접할 수 있는 방법을 고민했습니다.

저는 〈한국을 빛낸 100명의 위인들〉이라는 노래를 활용했습니다. 이 노래는 아이들이 유치원 때부터 많이 들어서 1절은 쉽게 따라 부를 수 있었지만, 2절부터는 익숙하지 않은 내용이라 조금 어려워했죠. 그래서 저는 식탁 유리 아래에 가사를 넣어두고, 틈틈이 노래를 들려주며 자연스럽게 한국사에 대한 흥미를 유도했습니다.

그러던 어느 날, 아이가 "역사는 흐른다" 하고 노래를 흥얼거렸습니다. 제가 너무도 기다리던 순간이었죠. 저는 그 즉시 가사 속 인물들과 관련된 책과 영상을 보여주기 시작했습니다. 하지만 너무 서둘렀던 탓인지 아이는 금방 흥미를 잃었고, 한국사는 어렵다며 다른 책으로 관심을 돌렸습니다. 그 이후로는 노래도 부르지 않았습니다.

저는 이 경험을 통해 학습 접근 방식을 다시 생각해 보게 되었습니다. 그리고 책과 영상이 아니라, 직접 보고 만지고 경험할 수 있는 체험형 학습으로 접근해야겠다는 결론을 내렸습니다.

첫 번째 주제로 구석기, 신석기, 청동기 시대를 선택했습니다. 역사적 유물을 직접 보고 체험할 수 있는 박물관이 많아 접근이 쉬웠고, 초등 사회 교과 과정의 시작이기 때문입니다. 처음 방문한 구석기 박물관에서 아이들과 직접 돌을 갈아보고, 움집을 만들어보는 체험을 했습니다. 아이는 지푸라기와 나무젓가락으로 집을 짓고, 금박지나 은박지로 감싸서 청동 액세서리를 만드는 활동을 특히 재미있어 했습니다. 역사적 사실을 눈으로 보고 손으로 만져보는 과정을 통해 교과서로만 공부할 때보다 더 깊이 있는 학습을 할 수 있었죠.

하지만 삼국 시대에 접어들면서부터는 체험할 수 있는 자료나 활동을 찾는 것이 어려웠습니다. 어디를 방문해야 할지, 어떤 자료를 보여줘야 할지 막막해졌고, 인터넷 검색에 의존할 수밖에 없었습니다. 그렇게 자료를 찾고 준비하는 동안 문득 오히려 제가 한국사에 몰입하고 있다는 것을 깨달았습니다. 아이가 배워야 할 내용을 조사하고 준비하는 과정에서 저도 많은 역사적 지식을 다시금 배우게 된 것입니다.

"아, 주몽이 동명왕이었구나. 이걸 내가 잊고 있었네."

"자격루라는 물시계가 이렇게 정교했구나. 장영실이 정말 대단한 사람이네."

집공부 덕분에 저도 새로운 배움의 기회를 얻게 되었고, 아이와 함께하는 학습 과정이 저에게도 큰 의미로 다가왔습니다. 이렇게 체험하며 배운 한국사 시간은 저도 아이와 함께 성장하는 과정이었습니다. 많은 것을 배우기도 했지만 무엇보다 아이와 함께 보내는 시간이 쌓인다는 것 자체가 큰 자산이 되었어요.

다행히 체험형 학습을 통해 주원이는 다시 한국사에 흥미를 가지게 되었습니다. 삼국 시대와 고려 시대, 조선 시대로 이어지는 역사의 흐름 속에서 아이는 역사 속 인물들과 사건을 더 깊이 이해하게 되었고, 학교에서 배우는 교과서 이상의 지식을 쌓아갔습니다.

삼국 시대의 역사를 배울 때는 경주의 유적지를 방문했고, 조선 시대에는 서울의 고궁들을 탐방했습니다. 역사적인 장소를 직접 방문하고 그 시대의 사람들의 생활양식을 보는 과정은 아이의 상상력과 창의력을 자극했습니다.  또 아이는 역사 속 인물들의 선택과 삶을 보며 책임감과 도덕적 가치관을 생각해 보기 시작했습니다. 독립운동가들의 삶을 접하면서 그들이 왜 그런 선택을 했는지, 그들의 희생이 오늘날 우리에게 어떤 의미인지 고민하는 모습을 볼 수 있었어요.

체험형 학습은 집공부에서 매우 중요합니다. 교과서에서 배우는 내용이 추상적이고 어렵게 느껴질 때, 부모가 함께 체험하고 대화를 나누는 방식으로 학습을 이어나가면, 아이는 스스로 학습에 대한 주도권을 갖고 즐기는 모습을 보일 것입니다.

▲ 아이들과 함께한 역사 탐방과 유적 만들기

# TIP
## 한국사 집공부

### 1. 활용하기 좋은 한국사 자료

역사는 시간의 흐름이죠. 그 흐름을 잘 파악하는 것이 중요합니다. 역사 공부는 책과 견학의 힘이 크기 때문에 만화책이라도 보여주는 게 좋습니다. 어느 정도 아이에게 배경지식을 쌓아준 뒤에 박물관이나 유적지에 방문하세요.

| | |
|---|---|
| [도서]<br>교과서가 쉬워지는 주말여행 | [동영상]<br>지니스쿨 한국사백과 |
| [동영상]<br>선을 넘는 녀석들 | [교재]<br>도전 한국사탐험대 |
| [교구]<br>만공 한국사 | [동영상]<br>EBS 역사가 술술 |

### 2. 추천 역사 여행지

역사를 배울 때 가장 좋은 방법은 직접 보고, 느끼고, 체험하는 것입니다. 각 시대별로 아이와 함께 방문하기 좋은 역사 여행지를 선정해 보았습니다. 교과서 속 이야기만으로는 이해하기 어려운 역사적 현장을 직접 둘러보면서 아이가 생생하게 역사를 배울 수 있도록 도와주세요.

## 선사 시대~고려 시대

- 강화고인돌 광장&강화역사박물관
- 강화 참성단
- 석장리박물관
- 전곡선사박물관
- 양구선사박물관
- 대구 선사유적공원
- 진주청동기문화박물관
- 대가야박물관
- 충주고구려비전시관
- 국립공주박물관
- 국립부여박물관
- 국립김해박물관
- 몽촌토성&한성백제박물관
- 서울백제어린이박물관
- 미륵사지&국립익산박물관
- 공주무령왕릉&공산성
- 국립경주박물관
- 경주대릉원(천마총)
- 불국사, 석굴암
- 이사부사자공원
- 해인사

## 조선 시대

- 소수서원
- 경복궁, 창덕궁, 창경궁, 덕수궁, 경희궁
- 종묘
- 국립고궁박물관
- 한국민속촌
- 서울 한양도성&한양도성박물관
- 남산봉수대
- 남산골한옥마을
- 전주 한옥마을
- 안동하회마을
- 안동문화관광단지유교랜드
- 오죽헌
- 진주성
- 서산 해미읍성
- 허균·허난설헌기념공원
- 세종이야기 충무공이야기
- 통영 이순신 장군 유적지
- 태릉&조선왕릉전시관
- 정약용유적지&실학박물관
- 수원화성
- 세종대왕릉&세종대왕역사문화관
- 낙안읍성
- 문경새재도립공원옛길박물관

## 근현대사

- 독립기념관
- 임진각관광지
- 대한민국역사박물관
- 신문박물관 PRESSEUM
- 서울역사박물관
- 평화열차 DMZ 트레인
- 정동길
- 현충사
- 서대문형무소역사관
- 전쟁기념사업회 전쟁기념관
- 문화역서울284
- 경상북도독립운동기념관
- 인천 차이나타운
- 오두산 통일전망대
- 군산근대역사박물관
- 대한민국역사박물관
- 두타연
- 한국근현대사박물관
- 목포근대역사관
- 국회의사당
- 백범김구기념관
- 도산공원&도산 안창호 기념관

사회

# 지도와 함께 동네 탐험하기

아이가 직접 지도를 보며 목적지까지 가보는 활동은 지리 감각과 자립심을 키워줄 수 있습니다. 새로운 상황에서 아이 스스로 문제를 해결하고 도전하는 경험을 통해 성취감을 느낄 수 있죠. 저는 두 아들에게 대형 서점을 찾아가는 미션을 건네주었습니다. 지도 어플을 활용해 목적지까지의 경로를 함께 계획하면서 저는 아이들에게  교통수단 이용법과 길을 찾는 법 등을 알려주었습니다. 그러고 나서 아이들이 스스로 길을 찾아가도록 했습니다. 저는 옆에서 관찰하며 아이들의 행동을 지켜보았어요.

사실 처음에는 걱정이 되었습니다. 아이들이 길을 잘못 들지는 않을까, 당황해서 되돌아오지는 않을까 하는 생각이 들었죠. 하지만 아이들은 예상보다 훨씬 잘 해냈습니다. 처음에는 방향을 헷갈려 잠시 헤매기도 했지만, 지도를 다시 확인하며 스스로 방향을 조정하고 목적지를 향해 나아갔습니다.

마침내 성공적으로 서점에 도착했을 때, 아이들은 성취감으로 가득 차 있었습니다. 이러한 경험이 쌓여 아이들은 문제를 해결하는 능력뿐만 아니라, 어려움을 극복할 수 있다는 자신감도 얻을 수 있습니다. 이처럼 작은 도전이 반복되면 아이들은 더 큰 도전에도 주저하지 않고 자신 있게 임할 수 있게 됩니다.

아이가 길을 찾는 과정에서 중요한 것은 실수하더라도 부모가 바로 개입하지 않는 것입니다. 아이 혼자서 해결할 수 있도록 기다려주

▲ 버스를 타고 여행을 떠난 형제

세요. 길을 잘못 들었을 때, 바로 정답을 알려주기보다는 "지도로 현 위치를 확인해 볼까?" 하고 힌트를 주세요. 그리고 아이가 마침내 목적지에 도착했을 때는 성취를 진심으로 칭찬해 줍니다.

"○○이가 스스로 해냈구나!"

아이의 노력을 인정해 주면, 아이는 자신이 문제를 해결할 수 있다는 자기효능감을 느끼고, 새로운 도전을 두려워하지 않게 됩니다.

혼자서 길을 찾으면 아이들은 평소 무심코 지나치던 거리나 상점들을 새로운 시선으로 바라봅니다. "이 골목에 이런 가게가 있었네!" 하며 새로운 발견을 즐기는 모습을 보이기도 해요. 저는 아이들이 길을 건널 때나 교통수단을 이용할 때, 제가 개입하지 않아도 스스로 안전을 확인하고 주의를 기울이는 모습이 인상적이었습니다. 지도 탐험을 통해 자연스럽게 안전 의식도 배우게 된 것이죠.

매일 습관처럼 다니던 동네지만 지도를 보며 탐험하면 실제 환경과 지도가 연결되면서 공간 감각과 방향 감각이 발달합니다. 또한 지도에 표시된 지명, 건물, 길 이름 등을 읽고 기억하는 과정에서 독해 능력도 자연스럽게 향상됩니다.

아이가 스스로 길을 찾고 탐험하는 과정은 자립심과 책임감을 키울 수 있는 좋은 기회입니다. 의외로 아이의 의젓한 모습을 볼 수 있는 활동이니 꼭 함께해 보세요!

# TIP 초등학생에게 적합한 지도 어플

### 1. 네이버 지도

국내에서 가장 많이 사용되는 지도 어플 중 하나로, 길 찾기, 대중교통 정보, 주변 시설 검색 등이 매우 편리합니다. 한글 인터페이스이며, 다양한 장소 리뷰와 사진을 볼 수 있고 실시간 교통 정보를 확인할 수 있는 장점이 있습니다. 직관적이고 사용하기 쉬운 인터페이스이므로, 초등학생도 쉽게 사용할 수 있어요.

### 2. 카카오맵

국내에서 많이 사용되는 또 다른 지도 어플로, 상세한 길 안내와 주변 정보를 볼 수 있습니다. 길 찾기 기능이 간편하고, 대중교통 정보, 거리뷰 기능이 있어요. 직관적이고 사용자 친화적인 인터페이스로 초등학생도 쉽게 사용할 수 있습니다.

### 3. Google 지도

전 세계에서 가장 널리 사용되는 지도 어플로, 글로벌 지도와 다양한 기능을 제공합니다. 상세한 길 안내, 거리뷰, 주변 시설 검색, 리뷰 및 평점 등을 볼 수 있습니다. 인터페이스가 영어로 되어있어 영어 학습에도 도움이 됩니다.

## 4. 다음 지도

다음에서 제공하는 지도 서비스로, 길 찾기와 대중교통 정보가 잘 구성되어 있습니다. 한글 인터페이스, 편리한 길 찾기, 상세한 대중교통 정보가 장점입니다. 카카오맵과 유사한 인터페이스로 초등학생도 쉽게 사용할 수 있습니다.

## 5. AllTrails

하이킹, 자전거 타기, 달리기, 걷기 등 야외 활동에 특화된 지도 어플로, 다양한 트레일 정보를 제공합니다. 가까운 공원이나 산책로를 찾아보며 길 찾기 연습과 자연 탐방을 동시에 즐길 수 있습니다.

## 6. GeoBee Challenge

아이들을 위한 교육용 지도 어플로, 지리와 관련된 게임과 학습 활동을 제공합니다. 놀이와 학습을 결합하여 아이들이 재미있게 지리를 배울 수 있습니다.

사회

# 전국 일주 책으로 먼저 떠나기

지난 여름 방학, 특별한 모험을 떠났습니다. 아이들과 함께 책을 보며 전국 여행을 떠나기로 한 것이죠. 단순한 여행이 아니라 책을 통해 각 지역의 역사와 문화를 먼저 접한 후, 직접 경험하는 방식이었습니다. 이렇게 하면 아이들은 책에서 읽은 내용을 현실과 연결하며 더욱 깊이 있는 학습을 할 수 있기 때문입니다.

첫 번째 목적지는 서울이었습니다. 어느 날 시원이가 사회 교과서에서 피맛골 이야기를 보고 호기심을 가졌기 때문이죠.

"엄마, 피맛골이 뭐야?"

"옛날에 사람들이 양반이 타고 다니는 말을 피해 다니던 골목길이야. 거기에 작은 가게들도 있었대."

"진짜 옛날 사람들이 다녔던 길이 아직도 있어?"

"응, 직접 가보면 더 잘 이해할 수 있을 거야."

기차를 타고 서울로 향하면서, 시원이는 책에서 배운 내용을 떠올리며 기대에 가득 찼습니다. 피맛골에 도착하자 아이들은 좁고 오래된 골목길을 걸으며 역사 속 서울을 상상하기 시작했어요.

"옛날 사람들도 이 길을 걸었겠지?"

"나도 백성이었다면 이 길로 다녔을 것 같아."

시원이는 두리번거리며 주변을 살폈습니다. 골목의 작은 가게들과 음식점들을 둘러보며 책에서만 보았던 정보를 현실로 연결시키는 경험을 한 것이죠. 아이는 집으로 돌아온 후에도 한동안 피맛골 이야기를 하며 역사적 장소에 대한 관심을 이어갔습니다.

다음 목적지는 역사 도시 경주였습니다. 저는 아이들과 유적지들을 탐방하기 전에 신라의 역사를 다룬 책을 먼저 읽었습니다. 아이들은 책에서 본 불국사와 첨성대를 꼭 가보고 싶어 했어요. 경주에 도착하자마자 우리는 불국사로 향했습니다. 아이들은 책에서 보았던 사찰을 실제로 보며 감탄했고 미리 읽었던 역사 이야기를 떠올리기도 했습니다. 하지만 석굴암을 가까이에서 볼 수 없다는 사실을 알게 된 두 아이는 실망한 기색을 감추지 못했습니다.

"왜 가까이에서 못 봐요?"

"석굴암이 많이 훼손돼서 그래. 사람들이 가까이 가면 더 많이 망가질 수 있거든."

"그럼 우리는 멀리서만 봐야 하는 거예요?"

"응, 이렇게 보호해야 오래오래 볼 수 있어. 그렇지만 멀리서도 그 아름다움을 느낄 수 있을 거야."

문화유산 보존의 중요성을 이해시키고 나니 아이들은 나서 차분히 감상하기 시작했습니다. 책으로 먼저 접했던 유적지를 직접 보고 느끼면서, 아이들은 역사 속 한 장면을 온몸으로 체험하는 듯했습니다.

경주를 떠난 후 다음 목적지는 염전이었습니다. 소금의 생산 과정을 다룬 책을 읽고 나서, 아이들이 직접 염전에 가서 소금이 어떻게 만들어지는지 보고 싶어 했기 때문입니다. 신안에 도착하자 드넓은 소금밭이 눈앞에 펼쳐졌습니다. 아이들은 그곳에서 전문가의 설명을 들으며 소금이 만들어지는 과정을 배우고, 직접 소금을 채취해 보는 체험을 하면서 즐거워했습니다.

"이렇게 물을 증발시켜서 소금을 얻는구나!"

"정말 재밌다! 소금이 이렇게 만들어지는 줄 몰랐어!"

손으로 직접 만지고 체험하며 배우는 과정에서, 아이들은 책으로만 접했던 내용을 더욱 생생하게 받아들였습니다.

마지막 목적지는 제주도로, 저는 아이들과 제주 말, 똥돼지를 다룬 책을 읽고 그곳의 독특한 문화를 직접 경험해 보았습니다. 저는 아이들을 데리고 제주 말과 똥돼지를 실제로 볼 수 있는 목장을 방문했습니다. 제주 말의 힘차고 아름다운 모습을 본 아이들은 입을 다물지 못했습니다.

이렇게 여행을 마치고 집에 돌아와 주원이는 그림일기를 쓰고, 시원이는 여행지에서 찍은 사진을 모아 앨범을 만들었습니다. 책과 함께 떠난 전국 여행은 아이들에게 단순한 관광 이상의 의미를 남겼습니다. 앞으로도 저는 책과 함께 새로운 모험을 떠나면서 아이들에게 더 많은 배움과 성장을 이끌어내고 싶습니다. 또 다른 책과 함께 새로운 여행을 떠날 생각에 다음 방학이 벌써부터 기대됩니다.

▲ 여행에서 한 다양한 체험

## TIP
# 국내 체험여행지

직접 보고 느끼는 경험보다 깊이 남는 배움은 없습니다. 국내에는 자연, 과학, 역사, 예술 등 다양한 분야를 직접 체험할 수 있는 여행지가 많으니 아이들이 흥미를 느끼는 주제와 연결된 장소를 방문해 보세요. 이번에는 아이들과 함께 가면 좋을 국내 체험 여행지를 엄선해 보았습니다. 아이가 여행하며 즐겁게 배우고, 새로운 호기심을 키울 수 있는 특별한 기회를 만들어주세요.

### 서울

- 국립중앙과학관(과학 실험과 전시 체험)
- 청계천(도시 재생과 환경 교육 체험)
- 어린이대공원(동물 관찰과 자연 체험)
- 국립어린이과학관(과학 실험과 체험)
- 북서울꿈의숲(자연 체험 활동)
- 서울숲(자연 체험 및 생태학)
- 매헌시민의숲(도시 농업 체험)
- 서울시립과학관(과학 체험)
- 세종문화회관(예술 공연 체험)
- 서울역사박물관(도시 발전 체험)
- 서울광장 스케이트장(스케이트 체험)
- 서울식물원(식물학 체험)
- 남산케이블카(케이블카 체험)

## 경기

- 한국민속촌(전통 문화 체험)
- 농협경제지주 안성팜랜드(농업 체험, 동물 먹이주기)
- 양평 두물머리(생태 체험)
- 양평 레일바이크(레일바이크 체험)
- 에버랜드(놀이기구의 원리와 동물 관찰)
- 가평 쁘띠프랑스(프랑스 문화 체험)
- 파주 헤이리 예술마을(예술 체험)
- 화성 공룡알화석산지(지질 체험)
- 과천과학관(과학 실험과 전시 체험)
- 광명동굴(지하 세계 탐험)
- 양주 나리공원(자연 체험)
- 일산 아쿠아플라넷(해양 생물 관찰)
- 포천 허브아일랜드(허브 재배 체험)
- 용인 한국민속촌(전통 문화 체험)
- 남양주종합촬영소(영화 촬영 체험)
- 연천 재인폭포(지질 탐사)
- 의왕 철도박물관(철도 체험)

## 인천

- 송도 센트럴파크(현대 도시와 자연의 조화 체험)
- 강화갯벌센터(갯벌 생태 체험)
- 영종도 마시안갯벌체험장(갯벌 생태 체험)
- 인천국제공항(비행기 체험)
- 월미도(해양 환경 체험)
- 인천어린이박물관(놀이와 학습 체험)
- 송도컨벤시아(국제회의 체험)
- 인천항 여객터미널 카 페리(카 페리 체험)
- 영종도 인천대교 전망대(교량 체험)

## 강원

- 정선레일바이크(레일바이크 체험)
- 삼척해양레일바이크(해양과 관광 체험)
- 평창 허브나라농원(허브 재배 체험)
- 강릉 주문진항(어업 체험)
- 홍천 산촌생태마을(산촌 체험)
- 강릉 오죽헌(전통 가옥 체험)
- 춘천 남이섬(자연 탐방)
- 속초 설악산(산악 체험)
- 태백석탄박물관(석탄 채굴 체험)
- 원주 뮤지엄산(예술과 자연 체험)
- 춘천 소양강댐(소양강 돛단배 체험)
- 춘천 모노레일(모노레일 체험)

## 충북

- 단양 강변 레일바이크(레일바이크 체험)
- 제천 청풍호(지리와 생태 체험)
- 괴산 산막이옛길(자연 탐방 체험)
- 청주 대청호(수생태계 체험)
- 충주 수안보 온천(온천 체험)
- 진천 농다리(전통 건축 체험)
- 음성 꽃동네(봉사 체험)

## 충남

- 서천 국립생태원(생태학 체험)
- 태안 해안국립공원(해양 생태계 체험)
- 보령 갯벌체험장(갯벌 생태 체험)
- 홍성 농업기술센터(농업 체험)
- 예산 예당호(수생태계 체험)
- 공주 금강유역(자연 탐사)
- 아산 스파비스(물놀이 체험)
- 태안 몽산포해수욕장(갯배 체험)

## 대전

- 국립중앙과학관(과학 실험과 기술 체험)
- 한밭수목원(식물학 체험)
- 대덕연구개발특구(과학 기술 연구 체험)
- 대전시민천문대(천문학 체험)
- 대전 엑스포과학공원(과학 놀이 체험)
- 대전 어린이회관(놀이와 학습 체험)

## 세종

- 세종호수공원(환경과 생태 체험)
- 조치원 농촌체험마을(농업 체험)
- 세종시 청사(행정 체험)

## 경북

- 포항 호미곶(지리와 해양 체험)
- 울진 금강송 에코리움(산림 체험)
- 안동 하회마을(전통 문화 체험)
- 문경새재 도립공원(자연 탐방 체험)
- 경주 양동마을(전통 가옥 체험)
- 영덕 해맞이공원(해양 환경 체험)
- 구미 금오산(자연 탐방)
- 울릉도 독도(배 여행 체험)

## 대구

- 이월드(과학 놀이기구 체험)
- 달성공원(동물 관찰 체험)
- 대구수목원(식물학 체험)
- 대구 어린이회관(놀이와 학습 체험)
- 대구미술관(예술 체험)

## 경남

- 창원 주남저수지(조류 관찰 체험)
- 통영 한산도(해양 환경 체험)
- 거제도 외도(식물학과 원예 체험)
- 남해 독일마을(문화 교류 체험)
- 김해 가야테마파크(전통 문화 체험)
- 산청 동의보감촌(한방 체험)
- 밀양 얼음골(자연 현상 체험)
- 합천 해인사(전통 문화 체험)
- 남해 금산(자연 탐방)
- 진주 진양호(돛단배 체험)
- 창원 마산해양신도시(모노레일 체험)

## 부산

- 부산 해운대(해양 환경 체험)
- 자갈치 시장(수산업 체험)
- 태종대(해양 생태계 체험)
- 부산 아쿠아리움(해양 생물 관찰)
- 부산 영화체험박물관(영화 예술 체험)
- 부산 항공우주박물관(항공기 체험)
- 부산 송도 케이블카(케이블카 체험)

## 울산

- 태화강 국가정원(생태학 체험)
- 울산 대왕암공원(해양 생태계 탐방)
- 울산 과학관(과학 체험)
- 울산 반구대 암각화(선사 시대 체험)

## 전북

- 전주 한옥마을(전통 건축 체험)
- 변산반도(자연 경관 체험)
- 무주 반디랜드(곤충학 체험)
- 진안 마이산(자연 탐방)
- 부안 채석강(지질 체험)

## 전남

- 순천만 자연생태공원(생태학 체험)
- 여수 해양 레일바이크(해양, 관광 체험)
- 담양 죽녹원(대나무 생태)
- 신안 태평염전(염전 체험)

## 제주

- 제주항공우주박물관(우주, 항공 체험)
- 국립제주박물관(전통문화 체험)
- 제주한림용암동굴지대 (자연 탐방)
- 한라산둘레길, 오름(자연 탐방)

과학

# 실험으로 배우는 과학

대부분의 남자아이들이 공통적으로 좋아하는 것들이 몇 개 있습니다. 유아기에는 공룡, 로봇, 동물, 자동차, 히어로를 좋아하고, 초등학생이 되면 이러한 관심이 점점 확장되어 과학 전반에 대한 호기심으로 이어집니다.

저는 코로나 시기에 공부방 학생들과 과학 수업을 해보기로 마음먹었습니다. 학교에서 제대로 실험을 하지 못하는 상황이니 학교 선생님을 대신하여 당분간만 진행할 생각이었죠. 그런데 아이들의 반응은 가히 폭발적이었습니다. 아이들이 책을 선정하게 하고 금요일 오후마다 거실에 모여 책을 읽으며 실험을 했습니다. 그런데 막상 수업을 하면 아이들은 과학의 원리나 동화의 내용에는 크게 관심을 두지 않았습니다. 오직 실험 자체에만 집중하며 신기한 마술쇼를 보듯 즐기는 모습이었죠. '이게 과연 과학 수업이 맞을까?' 하는 의문이 들었고, 실험이 끝난 후 난장판이 된 거실을 보며 '내가 왜 이걸 시작했을까' 하는 후회마저 들었습니다.

결국 학교 정상 등원과 함께 엄마표 과학 수업을 그만두었습니다. 그러자 호기심 많은 둘째가 사부작거리며 남은 과학 키트 세트를 꺼내어 만들기 시작했습니다. 그 모습을 본 저는 몇 개 남지 않은 실험 키트와 실험 원리와 방법이 적혀있는 책을 아이 방에 넣어두었습니다. 그러자 그날부터 아이는 본격적으로 만들기를 시작했습니다.

"엄마, 나 다음 단계도 사주면 안 돼요? 진짜 만들고 싶은 게 있는데… 다음 단계는 직렬로 건전지를 연결해서 손전등을 만든대."

"너 직렬이 뭔지 알아?"

"그럼, 이렇게 일자로 연결하는 거야. 그러면 전기가 세져. 직렬 말고 병렬도 있는데…."

과학 용어를 사용해서 원리를 설명하는 모습을 보고 저는 놀랐습니다. 그냥 만들기만 하는 줄 알았는데 책과 동영상에서 해주는 말을 듣고 있었던 것입니다. 실험을 통한 학습이 이렇게 유의미한 결과를 가져올 줄은 예상하지 못했습니다.

꼭 실험 키트를 사용하지 않아도 괜찮습니다. 간단한 재료를 사용해서 집에서 할 수 있는 실험들도 있어요. 예를 들어 식초와 베이킹소다를 사용해 화산 폭발 실험을 할 수 있죠. 간단한 재료만으로도 아이는 화학 반응을 이해할 수 있습니다.

▲ 식초, 베이킹 소다를 이용한 화산 실험

▲ 시원이가 스스로 한 과학 실험들

과학 실험은 항상 기대한 대로 흘러가지 않습니다. 예상치 못한 결과가 나오거나, 과정에서 작은 문제가 발생할 수도 있죠. 하지만 이러한 경험이야말로 아이들에게 가장 큰 배움이 됩니다.

실험이 계획대로 되지 않을 때, 아이들은 문제를 해결하기 위해 다양한 방법을 시도합니다. 또한 실패를 반복하며 원인을 분석하고, 다시 도전하는 과정에서 끈기와 인내심을 기르고요. 과학 실험을 통해 실패를 두려워하지 않고 도전하는 태도를 배우는 것입니다. 이러한 태도는 학업뿐만 아니라 아이가 살아가는 데 큰 힘이 되어주죠.

과학은 책으로만 배우는 것이 아니라, 직접 보고 만지고 경험하며 깨닫는 학문입니다. 실험을 통해 아이들은 과학을 단순한 지식이 아닌 흥미로운 탐구의 과정으로 받아들이게 됩니다. 부모가 꼭 복잡한 실험을 준비하지 않더라도, 아이가 과학적 호기심을 키울 수 있도록 환경을 조성해 준다면, 아이는 스스로 배우고 탐구하는 즐거움을 깨닫게 될 것입니다.

## TIP 집에서 하는 과학 실험

과학은 직접 실험하고 탐구할 때, 더 쉽고 재미있게 이해할 수 있는 과목이에요. 집에서도 아이들과 함께할 수 있는 다양한 과학 실험 자료를 소개합니다. 아래의 추천 자료들을 활용하면 과학 개념을 익히고, 실험을 통해 직접 체험하며 융합 사고력을 키울 수 있습니다.

| | |
|---|---|
| [동영상]<br>내일은 실험왕 | 과학 개념을 쉽고 재미있게 배우는 학습 만화 시리즈로, 각 권마다 핵심 개념을 설명하는 이야기와 직접 실험할 수 있는 키트가 포함되어 있어요. 책을 통해 원리를 익힌 후, 실험 키트를 활용해 개념을 직접 확인하며 탐구력을 키울 수 있습니다. |
| [교구]<br>팩토 사이언스 | 초등 교과와 연계된 실험 키트입니다. '실험 탐구 > 융합 사고 > 탐구 보고서 작성 > 활동 평가'까지 각 단계별 학습이 가능해요. 직접 실험을 해보고, 실험 도구를 제작하면서 과학 원리를 이해할 수 있도록 구성된 교재입니다. |
| [블로그]<br>째야네 엄마표 교육이야기 | 집에서 쉽게 따라 할 수 있는 과학 실험과 다양한 교육 정보를 제공하는 블로그입니다. 과학을 좋아하는 아이들이 재미있게 탐구할 수 있도록 다양한 활동이 소개되어 있습니다. |
| [도서]<br>세상에서 제일 신기한 엄마표 과학 놀이 | 쉽게 구할 수 있는 재료로 재미있는 과학 실험을 할 수 있도록 돕는 책입니다. 놀이처럼 즐기면서 과학 원리를 자연스럽게 익히고 호기심과 창의력을 키울 수 있습니다. |

## TIP 교내 과학탐구 대회 자세히 알아보기

교내 과학탐구 대회는 보통 초등학교 4학년부터 참여가 가능합니다. 융합과학, 과학토론, 자연관찰 캠프, 총 3가지 영역의 대회를 진행하며 아이들의 역량에 따라 대회에 참가하면 됩니다. 또한 교내에서 예선과 본선을 거쳐 선발된 상위 학생들은 시·도 대회 그 다음에는 전국대회를 출전할 수 있습니다. 교내 과학탐구 대회는 단순한 지식이 아니라, 실생활에 필요한 과학적 사고력을 키울 수 있는 좋은 기회입니다. 과학을 좋아하는 친구라면 꼭 한 번 도전해 보세요.

### 1. 융합과학

융합과학 대회는 창의적인 아이디어를 구상하고, 직접 작품을 만들어 보는 대회입니다. 주어진 주제에 맞게 아이디어를 떠올리고, 설계도(기획서)를 먼저 제출해야 합니다. 이후 대회 현장에서 실제로 그 작품을 만들어 제출하는 것까지가 모든 과정입니다. 작품 기획서와 결과물(산출물)을 만들 때는 미리캔버스, Canva, Pictory 같은 도구를 활용하면 좋습니다. 창의적인 아이디어를 떠올리는 능력, 과학 원리를 이용해 실제 작품을 만드는 능력, 기획서 작성 및 발표 능력이 필요합니다.

### 이런 주제가 나올 수 있어요

- 마시멜로와 스파게티 면을 이용해 튼튼한 구조물을 만들기
- 수수깡과 우드락을 활용해 지진에 안전한 대피소 설계하기

## 2. 과학토론

과학토론 대회는 과학과 관련된 주제에 대해 친구들과 의견을 나누고 토론하는 대회입니다. 참가자들은 과학적인 문제를 깊이 탐구한 후, 입론(자신의 주장)을 정리하고, 상대 팀과 토론을 진행합니다. 대회를 준비할 때는 각 주제에 대한 정보를 조사하고, 찬성과 반대 의견을 정리해 논리적으로 말하는 연습이 필요합니다. 또한 주어진 문제를 과학적으로 분석하는 사고력, 논리적으로 주장하는 능력, 상대의 의견을 듣고 반박하는 능력이 필요합니다.

### 이런 주제가 나올 수 있어요

- 인공지능(AI)은 위험할까? 안전할까?
- 도시에 사는 비둘기는 보호해야 할까, 관리해야 할까?

## 3. 자연관찰 캠프

자연관찰 캠프는 실제 자연을 관찰하고, 그 결과를 보고서로 정리하는 대회입니다. 참가자들은 직접 자연을 탐사하며 식물, 동물, 환경 등을 관찰한 뒤, 이를 기록하고 분석하는 과정을 거칩니다. 대회 준비 방법은 크게 3단계로 나눌 수 있습니다. 먼저 학교 주변의 나무나 공원

속 곤충 등 관찰 대상을 정합니다. 그 다음 현장에서 직접 관할하며 사진이나 메모, 그림 등으로 기록합니다. 마지막으로 관찰한 내용을 보고서로 작성하는 것입니다. 꼼꼼하게 관찰하는 능력과 자연 속 생물과 환경의 관계를 분석하는 능력, 기록하고 정리하는 능력이 요구됩니다.

#### 이런 주제가 나올 수 있어요

- 학교 주변에 있는 관목 주변의 식물 조사하기
- 연못이나 강에서 사는 수생식물 관찰하기

과학

# 과학 도서 한 단계 업그레이드

아들은 자신이 좋아하는 것에 깊이 몰입하는 특성이 있죠. 주원이는 어릴 때부터 동물에 대한 관심이 많았고, 특히 도마뱀을 무척 좋아했습니다. 그리고 자연스럽게 도마뱀이 나오는 책을 찾는 모습을 보였습니다. 이럴 때 아이의 관심을 학습으로 연결해 주는 것이 중요합니다.

처음으로 아이가 읽었던 책은 그림이 중심인 저학년용 도서였습니다. 이후에 호기심이 더 많아지면서 초등학생용 백과사전을 꺼내들기 시작했습니다. 백과사전은 도마뱀의 종류와 생태에 대해 좀 더 상세한 설명을 담고 있었죠. 아이는 자신의 관심사를 따라 점점 더 많은 지식을 쌓아갔습니다. 아이가 관심을 갖고 있는 한 가지 주제를 중심으로 저학년용부터 초등학생용, 청소년용, 성인용 도서까지 연계하여 독서의 단계를 올려주는 것은 매우 효과적인 독서 확장 방법입니다.

하지만 단순히 책을 읽는 것만으로는 충분하지 않았습니다. 저는 아이가 도마뱀에 대한 더 깊은 이해를 할 수 있도록, 경험을 쌓아주기로 결심했습니다. 도마뱀을 직접 키워보는 것이죠. 아이는 도마뱀을 키우기 위해서 관련 정보를 더 많이 알고 싶어 했습니다. 이때는 나이와 상관없이 주제가 이어지는 도서를 잘 선택하는 것을 목표로 두었습니다. 도마뱀의 생리적 특징을 설명하는 초등학생용 책을 넘어서, 더 복잡한 생태적 원리가 담긴 청소년 책까지 아이가 지식을 연결해 나갈 수 있도록 도와주었습니다. 또한, 도마뱀과 관련된 연구나 과학적 발견에 관한 글을 통해 아이가 본인이 알고 있던 지식이 어떻게 실제 연구로 연결되는지를 깨닫도록 도와주었죠.

▲ 같은 주제를 다른 난이도로 다루는 책들

저는 아이를 데리고 체험 활동을 떠나기도 했습니다. 아이는 책 속에서만 보던 도마뱀의 서식지나 먹이를 실제로 관찰하고, 박물관과 도마뱀 사육장을 다니며 다양한 실험을 진행할 수 있었습니다. 도마뱀에게 다양한 먹이를 주고, 어떤 먹이가 가장 적합한지 관찰하기도 했죠. 또 아이가 다양한 시각으로 도마뱀을 바라볼 수 있도록 옆에서 계속 질문을 던지는 것도 잊지 않았습니다. "왜 도마뱀은 낮에 활동하고 밤에는 쉬는지 알아?" 같은 질문을 통해 주원이가 스스로 답을 생각해 보도록 유도했고, 체험학습이 끝나고 나서는 답을 찾지 못했던 질문들을 해결하기 위해 관련된 도서를 읽게 했습니다.

과학 도서의 단계를 올려주는 가장 좋은 방법 중 하나는, 아이가 관심을 가진 주제를 중심으로 나이와 상관없이 다양한 난이도의 책을 연결해 읽도록 하는 것입니다. 저학년용, 초등학생용, 청소년용, 그리고 성인도서까지 같은 주제를 다루지만 난이도가 조금씩 높아지는 책들을 읽으면서, 아이는 학습의 깊이를 더욱 넓혀갈 수 있습니다.

# TIP
## 단계별 독서 지도

초등 저학년 때 반드시 읽어야 한다는 '필독 도서'나 '교과서 연계 도서'에 너무 얽매이지 마세요. 아이가 좋아하고 집중할 수 있는 책부터 읽게 해주세요. 아래의 목록은 남자아이들이 대체적으로 선호하는 주제를 중심으로 구성되었습니다. 각 카테고리별로 난이도에 따라 다양한 책이 포함되어 있으니 아이의 관심사와 독서 수준을 고려하여 선택해 보세요.

### 1. 동물

정브르의
열대 동물 일기

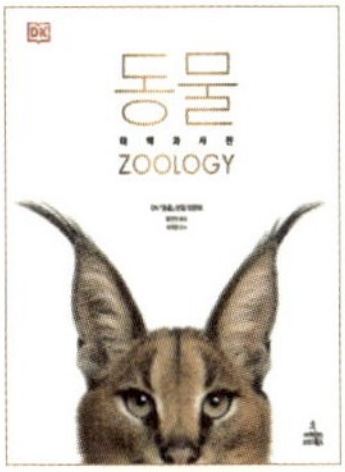


DK 대백과 사전
동물

동물들의
위대한 법정

동물의 생각에
관한 생각

## 2. 공룡

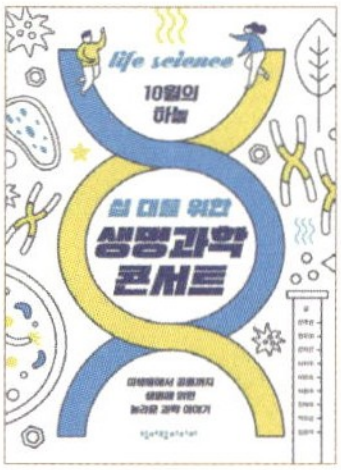


진짜 진짜 재밌는 공룡 그림책 (완전판)

이것저것 공룡들의 하루

재밌어서 밤새 읽는 공룡 이야기

십 대를 위한 생명과학 콘서트

## 3. 자동차

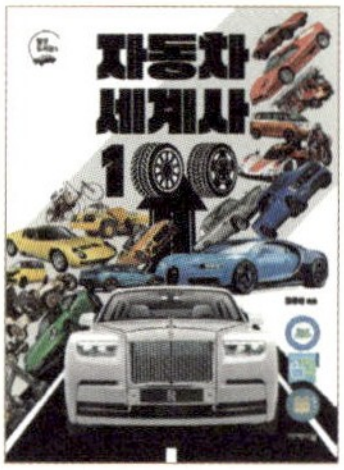

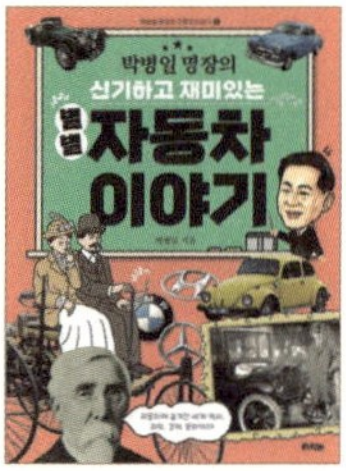

자동차 세계사 100

자동차 속이 궁금해

박병일 명장의 신기하고 재미있는 별별 자동차 이야기

과학이슈 하이라이트 Vol.04 퓨처 모빌리티

## 4. 과학

퀴즈! 과학상식 과학법칙

냄새나는 똥이 에너지가 된다고?

미래가 온다, 메타버스

어린이과학동아

## 5. 그리스 로마 신화

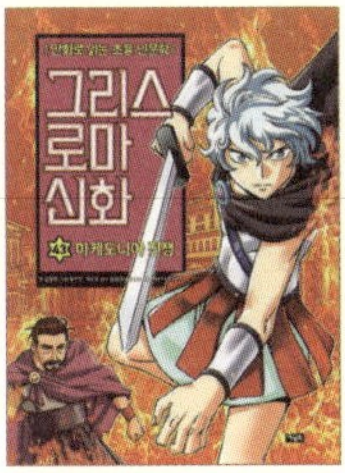


만화로 읽는
초등 인문학
그리스 로마 신화

처음 읽는
그리스 로마 신화

지식통통
그리스 로마 신화

그리스·로마 신화

## 6. 한국사

설민석의
한국사 대모험

마법의 두루마리

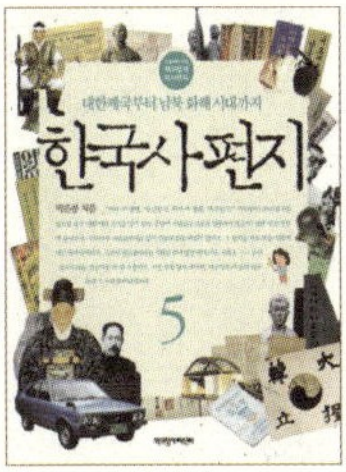


한국사 편지

벌거벗은 한국사

## 7. 스포츠

후 Who?
special 손흥민

축구 잘하는
40가지 비밀

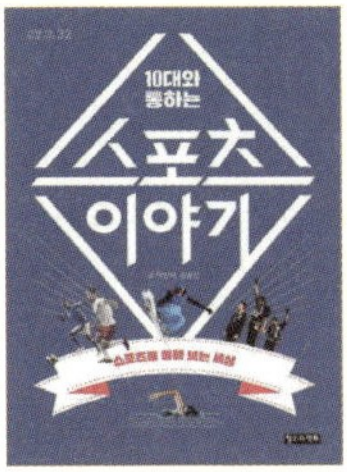


10대와 통하는
스포츠 이야기

모든 것은 기본에서
시작한다

## 8. 우주

내일은 실험왕
시즌2 8권

초등학생이
알아야 할
우주 100가지

우주로 가는 계단

청소년을 위한
코스모스

## 9. 인문 교양

채사장의 지대넓얕
12 : 철학의 시작

10대를 위한
사피엔스

페스트

총균쇠

## 10. 수학

수학도둑

수학 시험을 막아라!

수학자가 들려주는
수학 이야기

이상한 수학책

영어

# 소리 내서 영어책 읽기

산만한 아들에게 효과적으로 영어 공부를 시키는 방법 중 하나는 바로 다양한 영어책을 읽게 하는 것입니다. 어느 날 동물원에 다녀온 아이가 영어책을 들고 오더니 "엄마, 이 책에서 본 도마뱀 이야기를 읽어 줄게!" 하고 소리 내어 읽기 시작했습니다. 발음도 꽤 정확하고 자신감 있는 모습이 인상적이었어요. 몰입하며 읽는 모습을 보면서 저는 '소리 내어 읽는 것이 산만한 아이에게 큰 도움이 되는구나' 하고 깨달았습니다.

영어책 읽기는 여러 장점이 있습니다. 먼저 아이가 자연스럽게 새로운 단어를 습득하면서 어휘력이 향상됩니다. 그 단어가 포함된 문맥이나 이야기의 흐름을 토대로 단어의 의미를 유추할 수 있습니다. 아이는 처음 'jurassic'이라는 단어를 봤을 때 어떻게 읽어야 할지도 몰랐지만, 책 속의 그림과 상황을 보고 그 뜻을 유추하는 모습을 보였습니다. 이렇게 배운 어휘는 금방 휘발되지 않고 오래 기억됩니다.

산만한 남자아이들에게 문법을 공부시키면 대부분이 집중하기 힘들어하죠. 영어책 읽기의 장점은 책을 여러 번 읽으면서 자연스럽게 문법과 문장 구조를 터득할 수 있다는 것입니다. 예를 들어 책 속에서 여러 번 관계대명사를 접하면, 따로 문법 수업을 하지 않아도 자연스럽게 그 구조를 이해할 수 있습니다. 또한 소리 내어 읽기는 발음과 억양을 연습하는 데 큰 도움이 됩니다. 산만한 아이들은 목소리를 내고 움직이는 것을 좋아하니, 소리 내어 읽는 활동이 오히려 효과적일 수 있어요. 집에서 영어책을 읽을 때 아이들은 몇몇 단어들을 발음하는 것을 어색해합니다. 하지만 여러 번 소리 내어 읽는 연습을 하니 점차 자연스럽게 발음하기 시작했어요. 처음에는 짧은 글부터 시작해서 점점 긴 글로 나아가면, 발음 연습은 물론 독해력을 함께 키워 나갈 수 있습니다.

영어책 읽기를 할 때는 중요한 5가지 포인트가 있습니다. 첫 번째 포인트는 아이의 흥미를 존중해야 한다는 것입니다. 저는 아이가 동물과 공룡을 좋아했기 때문에 그에 맞는 책을 많이 읽게 했어요. 앞서 여러 번 강조했듯이 흥미가 생기면 아이들은 자연스럽게 집중하게 됩니다. 두 번째 포인트는 정해진 시간에 읽는 습관을 들이는 것입니다. 산만한 아이들에게도 일정한 리듬이 필요합니다. 자기 전 20분, 식사 후 30분 등 영어책을 읽는 시간을 정해서 반복해 보세요. 세 번째 포인트,

아이가 소리 내어 읽는 것을 장려해 주세요. 평소에는 소리를 지르고 뛰어다니는 아이도 막상 영어책 읽기를 시키면 쑥스러워할 수 있습니다. 이럴 땐 반복만이 답이죠. 꼭 큰 소리로 읽지 않아도 된다고 격려해 주며 아이에게 용기를 북돋아 주세요. 네 번째 포인트는 읽은 내용에 대해서 아이와 이야기를 나누는 것입니다. 아이가 자신의 생각을 표현할 수 있는 기회이고, 부모는 아이가 단어의 뜻을 잘못 유추하고 있었거나 잘 모르는데 그냥 넘어갔던 부분들을 포착할 수 있습니다. 마지막으로 다섯 번째 포인트는 부모가 함께 읽는 것입니다. 아이가 집중력을 잃으려고 할 때 부모가 함께 읽어주거나, 먼저 읽어주고 아이가 따라 읽게 하면서 다시 책에 집중하게 할 수 있습니다.

읽기는 영어 학습의 중심입니다. 어휘력, 문법, 발음, 독해력, 창의력 등 다양한 영역의 중추 역할을 하죠. 습관을 잡아주면 이후의 영어 학습에서 아주 큰 도움을 받을 수 있으니, 집공부 커리큘럼에 꼭 넣어주세요.

# TIP 초등 아들을 위한 추천 영어책

영어 책을 효과적으로 읽으려면 아이의 흥미를 유지하면서 점점 난이도를 높이는 것이 중요합니다. 이 책들은 초급(재미있는 그림책과 쉬운 문장)에서 고급(어휘가 풍부하고 스토리가 깊이 있는 소설)까지 자연스럽게 연결될 수 있도록 구성되었습니다. 각 책이 어떤 점에서 유용한지, 어떤 표현을 배울 수 있는지를 살펴보겠습니다.

## 1. 초급 Beginner: 영어를 재미로 익히는 단계

이 단계에서는 재미있는 이야기와 반복적인 문장이 핵심입니다. 문장이 단순하고 직관적이며, 그림을 보면서 의미를 유추할 수 있어 영어 독서를 시작하는 아이들에게 적합합니다.

**《Dragons Love Tacos》**(Adam Rubin 글, Daniel Salmieri 그림)

이 책은 타코를 좋아하는 용들이 등장하는 유쾌한 이야기입니다. 용들은 다양한 타코를 즐겨 먹지만, 매운 소스가 들어가면 큰일이 납니다. 어느 날, 주인공 소년이 연 파티에 용들이 초대되는데, 실수로 매운 소스가 들어간 타코가 준비됩니다. 그 순간 용들은 어떻게 반응할까요?

**학습 포인트** 반복적인 문장 구조와 감정 표현을 배우기에 좋습니다. "Dragons love tacos." "Dragons hate spicy salsa!" 같은 문장을 반복적으로 접하면서 "love"와 "hate" 같은 감정 표현을 자연스럽게 익힐 수 있습니다.

**《How Do Dinosaurs Say Goodnight?》**(Jane Yolen 글·Mark Teague 그림)

이 책은 공룡들이 잠자리에 드는 모습을 익살스럽게 그린 이야기입니다. 어떤 공룡은 발을 구르고, 울고, 엄마 아빠에게 투정을 부리기도 하지만, 결국은 조용히 자러 갑니다.

**학습 포인트** 이 책은 일상생활에서 사용할 수 있는 유용한 표현을 배우는 데 적합합니다. "Do dinosaurs cry?" "Do they stomp their feet?" 이처럼 Do로 시작하는 의문문 구조를 자연스럽게 익힐 수 있습니다.

**《Pete the Cat: I Love My White Shoes》**(Eric Litwin 글· James Dean 그림)

고양이 Pete는 새하얀 신발을 신고 기분 좋게 걷고 있었지만, 빨간 딸기, 파란 블루베리, 갈색 진흙을 밟으면서 신발 색이 계속 변합니다. 하지만 Pete는 절대 속상해하지 않고 계속 노래하며 걷습니다.

**학습 포인트** 긍정적인 태도를 배울 수 있는 교훈적인 이야기입니다. "Did Pete cry? Goodness, no!" 같은 표현을 통해 아이들은 부정적인 상황에서도 기분을 유지하는 법을 배울 수 있습니다. 또한, 색깔과 감정을 함께 익힐 수 있어 영어 학습에도 유용합니다.

**《The Pigeon Wants a Puppy》**(Mo Willems 글·그림)

비둘기가 강아지를 너무 갖고 싶다며 온갖 방법으로 떼를 씁니다. 하지만 막상 강아지를 만나게 되자 생각보다 무섭고 큰 강아지의 모습에 깜짝 놀라는데요. 과연 비둘기의 반응은 어떨까요?

**학습 포인트** 아이들에게 "I want…" "I really, really want…" 같은 강한 감정을 표현하는 문장을 익히게 해줍니다.

## 2. 중급 Intermediate: 모험과 판타지로 확장하는 단계

이제는 좀 더 긴 문장과 복잡한 이야기를 접할 차례입니다. 이 단계에서는 챕터북Chapter Book과 그래픽 노블을 통해 독해력을 높이고, 모험, 우정, 성장이라는 요소가 강조됩니다.

### 《The Last Firehawk》 시리즈(Katrina Charman 글)

작은 올빼미 Tag와 친구들이 전설적인 불꽃 매를 찾아 떠나는 모험 이야기입니다. 마법과 판타지 요소가 가득하며, 각 챕터가 짧아 초등학생도 부담 없이 읽을 수 있습니다.

**학습 포인트** quest(탐색), legend(전설), prophecy(예언) 같은 판타지 문학에서 자주 등장하는 단어를 배우기에 좋습니다. 또한, 동물 친구들의 협력과 용기를 다루기 때문에 아이들이 자연스럽게 공감하며 읽을 수 있습니다.

### 《My Big Fat Zombie Goldfish》 시리즈(Mo O'Hara 글·Marek Jagucki 그림)

톰의 형 마크는 과학 실험을 하다가 금붕어를 좀비로 만들어 버립니다. 금붕어는 단순한 애완동물이 아니라, 최면 능력을 가진 초능력 물고기가 되었죠. 과연 이 금붕어는 착한 편일까요, 아니면 복수를 꿈꾸는 악당일까요?

**학습 포인트** revenge(복수), hypnotize(최면을 걸다) 같은 단어를 익히기에 좋아요. 엉뚱한 과학 실험과 장난스러운 스토리가 아이들의 상상력을 자극해 줍니다.

### 《Dog Man》 시리즈(Dav Pilkey 글·그림)

경찰과 개가 합쳐진 "도그맨"이 악당을 물리치는 엉뚱하고 유쾌한 그래픽 노블 시리즈입니다. 도그맨은 뛰어난 후각과 용기 있는 마음을 가졌지만, 때로는 개처럼 장난을 치기도 합니다. 그의 라이벌인 악당 고양이 Petey와의 대결이 계속되는데, 과연 도그맨은 도시를 지킬 수 있을까요?

**학습 포인트** justice(정의), crime(범죄), villain(악당) 같은 단어를 배우기에 좋고, 코믹한 장면과 만화 형식 덕분에 영어를 쉽게 이해할 수 있습니다.

**《Geronimo Stilton》 시리즈**(Geronimo Stilton 글)

Geronimo Stilton은 신중하고 겁이 많은 쥐 기자입니다. 하지만 어쩌다 보니 전 세계를 여행하며 미스터리를 풀고, 예상치 못한 모험을 하게 됩니다. 이 시리즈는 다양한 나라를 배경으로 한 사건들이 펼쳐져, 마치 세계 여행을 떠나는 듯한 느낌을 줍니다.

**학습 포인트** adventure(모험), mystery(미스터리), investigate(조사하다) 같은 단어를 익히기에 좋아요. 또한, 책 곳곳에 다양한 글씨체와 색깔이 사용되어 있어 읽는 재미를 더해 줍니다. 아이들이 모험과 유머를 동시에 즐길 수 있는 시리즈입니다.

### 3. 고급 Advanced: 깊이 있는 판타지와 세계관 탐험

아이들이 더 깊고 복잡한 이야기를 이해할 수 있도록 하는 단계입니다.

**《Harry Potter》 시리즈**(J.K. Rowling 글)

해리 포터가 마법 학교 호그와트에서 친구들과 함께 성장하며, 어둠의 마법사 볼드모트와 싸우는 이야기입니다. 마법 세계를 배경으로 하면서도 우정, 용기, 정의 같은 중요한 주제를 다루고 있어 깊이 있는 독서가 가능합니다.

**학습 포인트** 이 시리즈를 통해 spell(주문), wand(마법 지팡이), potion(물약) 같은 판타지 관련 어휘를 자연스럽게 익힐 수 있습니다. 또한, 책이 진행될수록 문장과 어휘가 어려워지기 때문에 영어 실력이 자연스럽게 향상됩니다.

**《Eragon》**(Christopher Paolini 글)

한 평범한 소년이 알 수 없는 드래곤 알을 발견하면서 그의 운명이 바뀌는 이야기입니다. 소년은 드래곤과 함께 성장하며, 강력한 적들과 싸우고 전설적인 영웅으로 거듭납니다.

**학습 포인트** destiny(운명), warrior(전사), ancient magic(고대 마법) 같은 단어를 배우기에 좋으며, 방대한 세계관과 깊이 있는 전쟁과 모험 이야기가 매력적인 판타지 소설입니다.

### 《Warriors》시리즈(Erin Hunter 글)

숲속에서 살아가는 고양이 부족들이 영역을 지키기 위해 싸우고, 동맹을 맺으며, 리더십을 발휘하는 이야기입니다. 부족 간의 갈등과 협력, 규칙과 명예를 중심으로 전개됩니다.

**학습 포인트** clan(부족), honor(명예), betrayal(배신) 같은 단어를 배울 수 있으며, 강렬한 캐릭터들과 긴장감 넘치는 스토리가 독자를 사로잡습니다.

### 《Redwall》 시리즈(Brian Jacques 글)

쥐, 오소리, 여우 같은 동물들이 주인공으로 등장하는 판타지 전쟁 이야기입니다. 중세성을 배경으로 전투와 모험이 펼쳐지며, 용기 있는 동물들이 악당을 물리치기 위해 싸웁니다.

**학습 포인트** 이 책에서는 fortress(요새), knight(기사), siege(공성전) 같은 중세 판타지 관련 어휘를 배울 수 있으며, 인간이 아닌 동물이 주인공이라는 독특한 설정이 흥미롭습니다.

영어

# 화상 영어를 활용하기

요즘 아이들은 어릴 때부터 자연스럽게 영어를 접하고, 알파벳 음가를 배우며 시작하죠. 이전과는 다르게 이제는 'A, B, C'를 보며 '에이, 비, 씨' 대신 '에, 브, 크'처럼 소리를 먼저 익히고 그 소리를 바탕으로 긴 문장도 읽습니다. 시간이 지나면,《해리 포터》같은 책도 읽어낼 만큼 실력이 쌓이게 됩니다. 읽기를 통해 영어가 익숙해지면 자연스럽게 듣기, 쓰기, 말하기도 뒤따라오며, 원어민처럼 영어에 익숙해지는 것도 어려운 일이 아닙니다.

하지만 이런 과정을 부모가 돕는 일은 그리 쉽지 않습니다. 특히 말하기는 많은 부모에게 큰 부담이 됩니다. 듣기와 읽기, 쓰기는 교재나 온라인 강의로 해결할 수 있지만, 말하기는 실제 대화가 필요한 영역이기 때문이죠. 그래서 많은 부모들은 SNS에서 정보를 찾거나, 화상 영어로 아이의 말하기 능력을 길러주려 노력합니다. 저도 화상 영어를 활용했습니다. 시원이가 특히 화상 영어 수업에 적극적으로 참여했습니다. 수업 중에 한 번은 "Do you like ice cream?" 하고 묻는 선생님께 "Mom is an alien!"이라고 대답했습니다. 베스킨라빈스의 '엄마는 외계인'을 말한 것이었죠. 선생님도 당황하고 저도 깜짝 놀랐습니다. 어쩔 수 없이 제가 수업 중간에 들어가 아이의 설명을 돕는 재밌는 해프닝이 벌어지기도 했습니다. 이처럼 자연스럽게 영어에 노출되면서 아이는 점점 더 자신감을 갖게 됩니다.

어수선한 남자아이의 집중력을 유지하기 위해서 중요한 것은 다양한 방법을 결합하는 것입니다. 집중력이 흐트러질 쯤에 재밌는 자극을 주어야 합니다. 소리를 내어 영어책을 읽는 것은 좋은 방법이지만, 그것만으로는 실제 대화 능력을 키우기가 어렵습니다. 그러므로 원어민과의 화상 영어를 함께 활용하면 좋습니다. 원어민과 대화하는 경험을 쌓아줄 수 있고, 그런 경험을 토대로 아이의 영어 자신감이 쑥쑥 커집니다. 또 다른 장점은 아이가 실시간으로 피드백을 받을 수 있다는 점입니다. 발음이나 문법적인 오류를 즉각적으로 수정해 주니, 잘못된 습관으로 굳어지기 전에 바로잡을 수 있습니다. 또한 외국의 문화나 일상에 대해서도 배울 수 있다는 장점이 있습니다.

아이와 함께 영어 공부를 할 때는 무조건적인 반복보다는 재미를 지속적으로 제공하는 것이 중요합니다. 영어로 된 영상을 시청하는 것도 좋아요. 영어를 '어려운 외국어'로 받아들이기보다는 좋아하는 콘텐츠를 보며 자연스럽게 들리게, 영어를 말하는 것이 재미있는 놀이처럼 느끼게 하면 부모도 아이도 부담 없이 학습을 이어나갈 수 있습니다.

아이가 영어를 효과적으로 배울 수 있도록, 위의 두 가지 방법을 적절히 결합해 일정을 짜주세요. 어느 날 영어로 노래를 부르고 혼자서 말을 하는 등 아이의 성장을 지켜보는 순간이 올 것입니다. 부모의 응원은 가장 큰 원동력이 되니 그런 모습을 발견할 때마다 아낌없이 칭찬을 해주세요.

## TIP 화상 영어 업체 잘 고르는 법

### 1. 원어민 선생님

화상 영어 원어민은 대부분 북미권과 필리핀으로 나눠집니다. 필리핀 수업은 선생님이 친절하고, 가격이 비교적 저렴하다는 장점이 있지만, 특유의 발음과 억양이 있습니다. 대부분의 영어 콘텐츠가 북미권 원어민의 발음을 표준으로 하므로 북미권 원어민과의 화상 영어 수업을 추천합니다.

### 2. 한국인 매니저

부모가 영어에 익숙하지 않다면 한국인 매니저가 상주하는 업체를 활용하면 됩니다. 한국인 매니저는 수강 중에 발생하는 연결 장애, 헤드셋과 카메라 등을 원격으로 점검해 줍니다. 또 전반적으로 화상 영어 수강과 관련된 문의 사항을 응대해 줍니다.

또 화상 영어 스케줄을 매번 짜야 하는 업체가 은근히 많습니다. 이런 업체는 수업마다 원어민 선생님이 바뀌는데 다양한 원어민을 만날 수 있다는 것이 장점이자 단점입니다. 아이와 선생님 사이 라포 형성이 어렵기 때문이죠.

### 3. 다양한 주제를 가진 커리큘럼

아이와 선생님이 자유롭게 대화를 나누기엔 아이가 가진 어휘력이 제한적이라 힘이 듭니다. 그래서 지정된 다양한 주제로 커리큘럼을 구성하는 곳이 좋습니다. 이때 원어민 교사에게 주제는 활용하되, 수업의 진도보다는 유연하게 이끄는 것을 우선적으로 해달라고 부탁하면 좋습니다.

### 4. 화상 영어 업체 비교

다양한 업체를 이용해 본 결과 각자 장단점이 있었습니다. 제가 직접 이용해 본 업체들의 특징을 간략히 정리해 보겠습니다. 'Talk station'은 다양한 영상과 책을 수업에 활용하는 것이 장점이지만 선생님을 따로 컨택할 수가 없다는 단점이 있었습니다. 'VIP Kid'는 중국 업체로 원어민 교사의 퀄리티가 좋고, 교사를 지정할 수 있다는 점이 좋았습니다. 하지만 가격이 비싼 편입니다. '당근영어'는 NE TIMES로 수업을 진행하며, 원서를 활용하거나 토론 수업이 가능합니다. 하지만 zoom이 아닌 다른 프로그램을 사용하고 자주 끊겨서 불편할 수 있습니다. 'Cambly Kids'는 가격이 저렴한 대신 커리큘럼이 비교적 제한적이고 매번 수업을 예약해야 한다는 단점이 있습니다. 'NAONOW'는 다양한 주제로 수업을 구성하며 원어민 교사의 퀄리티도 좋습니다. 또 교사를 지정할 수도 있습니다. 하지만 가격이 비싼 편입니다.

## 5. 화상 영어 제대로 활용하려면

화상 영어는 아이가 영어로 말할 기회를 늘려주는 좋은 학습 도구지만, 아무런 준비 없이 사용하면 간단한 일상 대화나 단답형 대답으로 시간을 채우는 경우가 많습니다. 저는 아이들에게 화상 영어 전에 반드시 할 말을 미리 준비하고 자신있게 말할 수 있도록 미리 연습 시간을 갖게 합니다. 만약 예습이 어렵다면 그날 나온 이야기를 다시 정리해서 말해 보는 복습을 하는 시간을 가집니다. 아이들이 좋아하는 만화나 영화 속의 대사, OST 가사 중에 일부를 가져와 뜻과 문장 구조를 파악한 뒤 하고 싶은 말로 바꿔줄 수도 있습니다. 그리고 그것을 화상 영어 시간에 활용하도록 도와주는 것이죠.

영어

# 영문법은 인강을 활용하기

초등학교 6학년 현수는 영문법을 배우는 데 어려움을 겪고 있었습니다. 교실에서 선생님의 설명을 잘 들었지만, 막상 혼자 문제를 풀 때면 영문법이 마치 외계어처럼 느껴진다고 했습니다. 규칙이 많고 복잡하게 얽혀있어 현수는 답답함을 느꼈고, 문법이 왜 이렇게 어려운지 부모님께 자주 물어보곤 했습니다. 부모님은 현수의 고민을 해결하기 위해 여러 방법을 고민하다가 저의 추천으로 인터넷 강의를 시도해 보기로 했습니다. 현수는 처음으로 컴퓨터 앞에 앉아 화면 속의 선생님을 마주했습니다.

"오늘부터 영문법의 신비한 세계로 떠나볼까요? 문법은 마치 보물 지도와 같아요. 이 지도를 잘 이해하면 문장의 보물을 찾아낼 수 있답니다!"

밝고 친근한 선생님의 인사에 현수는 약간의 호기심을 느끼며 강의를 들었습니다. 첫 수업은 주어와 동사에 대한 것이었습니다. 선생님은 주어를 '문장의 주인공'이라고 설명하며, 동사를 '주인공이 무엇을 하는지 알려주는 친구'로 비유했습니다. 이야기를 모험처럼 풀어가는 선생님의 방식 덕분에 현수는 조금씩 영문법을 친근하게 느끼기 시작했죠. 가끔 현수는 "아하!" 하고 탄성을 내지르기조 했습니다. 평소에 산만한 성향을 가진 현수가 몰입하는 모습을 보고 부모님도 놀랐습니다. 현수의 어머니가 우리 아들이 이렇게 집중할 줄 몰랐다며 기뻐하시던 기억이 납니다.

몇 주가 지나자 현수는 영문법 문제를 푸는 데 자신감이 붙기 시작했습니다. 학교에서도 적극적으로 손을 들고 대답했으며, 선생님으로부터 많이 발전했다는 칭찬도 받았습니다. 그 후로 현수는 문법뿐만 아니라 다른 과목에서도 인강을 활용해 혼자서 공부해 보려는 태도를 갖추게 되었습니다. 하지만 인강을 통한 학습은 장점만 있는 것은 아닙니다. 산만한 아이들이 인강으로 효과적으로 학습하려면 몇 가지 주의 사항이 있습니다.

첫째, 학습 환경이 중요합니다. 인강의 가장 큰 장점은 시간과 장소에 구애받지 않고 학습할 수 있다는 점입니다. 하지만 이러한 자유로움은 동시에 자제력을 요구합니다. 인강을 효과적으로 사용하던 현수도 종종 듣다가 집중력을 잃고 딴짓을 했습니다. 장난감이나 스마트폰에 눈길이 가는 경우도 많았죠. 교실에서는 선생님이 직접 지도하겠지만, 인강은 혼자 학습해야 하기에 부모의 감독과 환경 조성이 필수적입니다.

둘째, 꾸준한 동기 부여가 필요합니다. 인강은 스스로 공부하는 자기주도 학습을 촉진하는 도구지만, 동기 부여가 안 되면 학습 자체가 어려워집니다. 이때 부모의 꾸준한 격려와 관심이 매우 중요합니다. 아이가 목표를 설정하고 그것을 달성할 때마다 칭찬해 주고 작은 보상을 제공하는 방식으로 동기를 지속시킬 수 있습니다.

셋째, 인강은 선생님과 실시간 소통이 불가능하고 혼자 진행하기 때문에 금방 지루해질 수 있습니다. 실제로 현수도 때때로 혼자 공부하는 것이 지루해져 집중력을 잃곤 했습니다. 이럴 때는 부모가 적절하게 개입해 아이와 대화를 나누는 것이 좋습니다. 학습한 내용을 함께 이야기하거나 토론해 보는 것도 효과적입니다.

넷째, 인강에서는 다양한 자료가 한 번에 제공되기 때문에 아이가 혼란스러워하거나 부담을 느낄 수 있습니다. 특히 복잡한 문법 규칙을 한 번에 학습하려고 하면 아이는 압박감을 느낍니다. 따라서 정보를 단계적으로 제공하고, 아이의 학습 속도에 맞춰 진행해야 합니다.

부모가 지도하기 까다로운 영문법을 학습할 때 인터넷 강의는 아주 좋은 도구이지만, 적절한 부모의 관리와 환경 조성이 필수적입니다. 아이가 꾸준히 집중할 수 있도록 방해 요소를 줄이고, 지속적으로 동기 부여를 해주며, 필요할 때마다 적절하게 격려해 주세요. 인터넷 강의는 부모의 관심과 지원이 뒷받침될 때 더욱 효과적입니다.

# TIP 초등 아들을 위한 영어 유튜브 채널 및 어플

아이가 영어를 재미있게 배울 수 있도록 흥미로운 영상과 인터랙티브한 학습을 제공하는 유튜브 채널과 어플을 소개합니다. 영어는 억지로 공부하는 것보다 놀이처럼 즐기는 것이 가장 효과적인 학습 방법입니다. 아이의 관심사에 맞춰 활용하는 것을 추천합니다.

## 1. 유튜브 채널

| | |
|---|---|
| PBS KIDS | 다양한 애니메이션과 교육 프로그램을 제공하여 아이가 자연스럽게 영어를 배울 수 있습니다. |
| National Geographic Kids | 동물, 자연, 과학에 관한 흥미로운 콘텐츠들이 아이의 호기심을 자극합니다. |
| Blippi-Educational Videos for Kids | 유쾌한 호스트 Blippi가 다양한 장소를 탐험하며 아이가 배우기 쉽도록 설명해 줍니다. |
| Cocomelon - Nursery Rhymes | 노래와 함께 다양한 이야기를 제공하여 영어 단어와 표현을 익히기에 좋습니다. |
| StoryBots Super Songs | 노래와 애니메이션을 통해 다양한 주제를 다룹니다. |

## 2. 어플리케이션

| | | |
|---|---|---|
| Duolingo | | 게임 형식으로 영어를 배우고 점수를 얻을 수 있어 아이가 재미있게 학습할 수 있습니다. |
| Khan Academy Kids | | 다양한 교육 활동과 책을 통해 영어 읽기, 쓰기, 말하기를 배울 수 있습니다. |
| ABCmouse.com | | 2세부터 8세까지의 아이를 위한 종합적인 영어 학습 프로그램을 제공합니다. |
| Endless Alphabet | | 애니메이션으로 영어 단어의 철자와 의미를 배울 수 있습니다. |
| Monkey Junior | | 영어를 처음 배우는 아이에게 적합한 어휘와 문장 학습을 제공합니다. |

영어

# 챗GPT로 쓰기 능력 높이기

최근 챗GPT를 외국어 공부에 활용하는 사람들이 많습니다. 아이와 집에서 영어 공부를 할 때 챗GPT가 든든한 조력자가 될 수 있습니다. 먼저 영어 대화 연습을 할 수 있고, 잘못된 표현을 잡아줄 수 있죠. 아이가 관심 있는 주제를 선택하여 영어로 대화하게 해보세요.

### 1. 영어 대화 연습하기

아이에게 관심 있는 주제를 선택해 영어로 대화하는 연습을 시켜보세요. 챗GPT와 대화를 나누면서 영어 문장을 구성하는 능력이 자연스럽게 향상됩니다.

**예시 프롬프트**

- Hello, how are you today?
- Can you tell me a story about a brave knight?
- What is your favorite book and why?

## 2. 어휘 학습하기

챗GPT를 활용해서 어휘 학습을 할 수도 있습니다. 새로운 단어의 뜻, 예문을 물어보면 아이가 어휘의 쓰임새를 잘 이해할 수 있어요. 단어의 정의뿐만 아니라 실제 문장에서 어떻게 사용되는지도 익힐 수 있어 효과적입니다.

**예시 프롬프트**

- What does the word 'curious' mean?
- Can you give me a sentence using the word 'curious'?

## 3. 문법 질문하기

영문법이 헷갈릴 때 챗GPT에게 바로 질문하면, 쉽고 명확한 설명을 들을 수 있습니다. 또한 잘못된 문장을 수정하도록 요청하면 올바른 문장을 제시해 주기 때문에 문법 실수를 바로잡을 수 있습니다.

**예시 프롬프트**

- Can you explain the difference between 'there' and 'their'?

- Is this sentence correct? 'He go to school every day.' If not, can you correct it?

### 4. 독해 연습하기

아이에게 짧은 이야기나 글을 요청해서 읽고 요약하는 연습을 시켜보세요. 챗GPT가 질문을 던지면, 아이가 내용을 이해하고 답하는 과정에서 독해력이 향상됩니다.

**예시 프롬프트**

- Can you tell me a short story?
- Can you give me a short passage to read and then ask me questions about it?

### 5. 글쓰기 연습하기

영어 글쓰기는 어려워하는 아이들이 많지만, 챗GPT를 활용하면 보다 쉽게 접근할 수 있습니다. 짧은 에세이, 일기, 편지 등을 작성한 후 챗GPT에게 피드백을 요청해 보세요.

**예시 프롬프트**

- I want to write a short story about a magical forest. Can you help me start?
- Can you review this paragraph I wrote and suggest

improvements?

### 6. 영어 퀴즈와 게임하기

학습이 지루해질 때는 챗GPT와 함께 영어 퀴즈나 단어 게임을 즐겨보세요. 게임을 통해 어휘와 문법을 자연스럽게 익히면서 영어 학습의 재미를 느낄 수 있습니다.

**예시 프롬프트**

- Can you give me an English vocabulary quiz?
- Let's play a word association game. I'll say a word, and you say the first word that comes to mind.

### 7. 발음 연습하기

챗GPT는 발음 자체를 들려줄 수는 없지만, 발음을 개선하는 팁을 제공할 수 있습니다. 또한 특정 단어의 발음을 요청하면 음성 지원 기능을 활용해 네이버 사전이나 구글 번역과 함께 학습할 수도 있습니다.

**예시 프롬프트**

- How do you pronounce the word 'schedule'?
- Can you give me tips on how to improve my English pronunciation?

챗GPT는 영어를 공부하는 데 매우 유용한 도구입니다. 예시 프롬프트처럼 영어로 질문하는 것이 한국어로 질문할 때보다 좀 더 정확한 답변을 얻을 수 있습니다. 읽기, 쓰기, 듣기, 문법 등 다양한 영역에서 도움받을 수 있으며, 아이의 학습 수준과 관심사에 맞춰 맞춤형 학습을 할 수 있습니다.

## TIP 초등 아들을 위한 영어 공부 어플

아래 어플들을 활용하여 아이가 영어를 재미있고 효과적으로 배울 수 있도록 도와주세요. 다양한 학습 방법과 콘텐츠를 통해 영어에 대한 흥미를 유지하고 실력을 높일 수 있을 것입니다.

### 1. 챗GPT

자연스러운 영어 대화 연습이 가능하고, 영어 문법과 어휘 질문에 대한 즉각적인 답변을 줍니다. 다양한 주제로 대화를 나눌 수 있습니다. 인터페이스가 직관적이고 사용이 간편하여 아이 혼자서도 활용할 수 있으며, 최신 AI 모델을 사용하여 높은 품질의 대화가 가능합니다. 다만 영어 이외의 언어 기능은 제한적일 수 있습니다.

### 2. 말해보카

영단어부터 문법, 리스닝, 회화까지 한 번에 학습할 수 있는 어플로, 게임처럼 재미있게 영어 실력을 향상시킬 수 있습니다. 맞춤형 학습 시스템으로 개인의 영어 실력에 맞는 퀴즈를 제공하며, 오답노트를 통해 자세한 해설을 제공합니다. 자동 복습 시스템으로 학습한 내용을 꾸준히 복습할 수 있습니다.

### 3. HelloTalk

전 세계의 원어민들과 직접 대화가 가능합니다. 텍스트, 음성, 영상으로 대화가 가능하며, 교정 및 번역 기능이 있습니다. 자연스러운 대화로 실용적인 영어 학습을 하기에 좋지만, 사용자가 많아 대화 상대를 고르는 시간이 필요합니다. 또 부모의 감독 아래 활용하는 것이 좋습니다.

### 4. Lingokids

노래, 동화, 퀴즈 등 다양한 콘텐츠로 영어를 배울 수 있습니다. 부모가 대시보드로 학습 진행 상황을 확인할 수 있으며, 부모를 위한 학습 리소스를 제공합니다. 일부 콘텐츠가 유료로 운영되어 고급 학습 콘텐츠는 제한적일 수 있습니다.

### 5. Speak English Fluently

다양한 주제와 상황에 맞는 일상적인 대화 연습이 가능합니다. 발음 교정 기능이 있어 정확한 영어 발음 학습이 가능하고, 초급부터 고급까지 다양한 레벨의 학습자가 이용할 수 있습니다. 초급자에게는 다소 어려울 수 있으며, 광고가 포함된다는 단점이 있습니다.

아이들에게 방학은 학기 중에 쌓인 피로를 풀고, 자유롭게 시간을 보낼 수 있는 소중한 시간입니다. 그러나 이 자유로운 시간이 단순한 휴식으로만 흘러가 버린다면, 학습의 흐름이 끊기고 다시 학기 중으로 돌아갔을 때 적응하기 어려워할 수도 있습니다. 방학은 아이들이 학교 공부에서 벗어나 자기주도 학습의 기회를 키우고, 평소에 접하지 못한 다양한 경험을 통해 더 넓은 세상을 탐구할 수 있는 완벽한 시간입니다.

방학을 단순히 학습을 보충하는 시간이 아니라, 아이가 새로운 관심사를 발견하고, 창의력을 발휘하며, 자신감을 키울 수 있는 특별한 기회로 만들어야 합니다. 이 시기를 어떻게 활용하느냐에 따라 아이의 학습 태도와 성장이 크게 달라질 수 있습니다.

이 장에서는 방학을 200% 활용할 수 있는 다양한 방법과 전략을 소개합니다. 학습과 놀이, 체험을 균형 있게 구성하여 아이들이 방학을 단순한 휴식이 아닌, 새로운 도전과 성취의 시간으로 느낄 수 있도록 돕고자 합니다. 아이의 학습 동기를 유지하면서도, 방학의 자유로움을 만끽하는 방법들을 함께 살펴보며, 부모와 아이 모두에게 만족스러운 방학을 만드는 비법을 공유하겠습니다.

5장

# 집공부 방학 특강

# 한자로 키우는 교과 문해력

공부방 수업을 진행하다 보면 가끔 아이들의 어휘력 때문에 놀랄 때가 많습니다.

"선생님, 장점이 좋은 거예요, 나쁜 거예요?" 같은 질문을 받을 때, 기본적인 단어조차 모르는 것을 보면 안타까운 마음이 듭니다. 요즘 아이들은 영어 단어를 모르면 창피해하면서도 우리말을 모르는 것은 대수롭지 않게 여깁니다. 이는 한자 교육의 부재와 관련이 깊습니다.

한자는 어휘력의 비밀 열쇠와 같습니다. 이 열쇠를 가지고 있으면 국어의 문을 쉽게 열 수 있습니다. 영어 교육의 중요성이 강조되면서 매년 한자를 배우는 아이들이 줄어들고 있습니다. 초등학교 교사 이서윤 선생님은 한 반에 한자를 공부하는 아이들이 세네 명에 불과하다고 말하기도 했죠. 한자를 배운 아이와 그렇지 않은 아이의 어휘력에는 분명히 큰 차이가 있습니다. 이는 우리말의 많은 단어가 한자어로 이루어져 있기 때문입니다. 한자를 알면 단어의 의미를 쉽게 유추할 수 있습니다. 예를 들어 '어촌'이라는 단어를 설명할 때, 한자를 배운 아이들은 "어가 물고기 어예요?"라고 물으며 금방 이해합니다. 반면, 한자를 모르는 아이들은 다양한 오답을 작성합니다. 한자를 익힌 아이들은 마치 퍼즐을 푸는 듯 어휘의 혼동을 쉽게 해결합니다. "장영실이 만든 측우기는 비의 양을 측정하는 기구야"라고 설명했을 때, 한자를 아는 아이들이 한자를 모르는 아이들보다 금방 이해합니다.

어릴 때 배운 기본 한자는 오랫동안 기억됩니다. 마치 자전거를 타는 법을 배운 후 쉽게 잊어버리지 않는 것과 같아요. 여기서 중요한 점은 한자 공부가 곧 한자 급수 시험을 준비하는 것을 의미하지 않는다는 것입니다. 급수 시험은 보지 않아도 됩니다. 초등 시절에 자격증을 딴다고 해서 특별히 유리한 점은 없고 오히려 스트레스만 받을 수 있습니다. 기본 한자책을  방학 때 하루 두 글자씩 읽고 써보며 50자 정도만 익혀도 충분합니다. 3학년부터 6학년까지 여름방학, 겨울방학에 50자씩 익혀 나가면 총 400~500자를 터득할 수 있습니다. 이 정도면 충분합니다.

한자 교재를 고를 때는 한자가 왜 그런 뜻을 갖게 되었는지 설명해 주는 책이 좋습니다. 예를 들어, '쉴 휴(休)'는 나무(木)에 사람(人)이 기대어 쉬는 모습에서 유래한 단어죠. 이렇게 어원을 설명해 주는 책으로 한자를 공부하면 오래 기억할 수 있습니다.

직접 아이들에게 한자를 가르쳐본 결과, 확실히 어휘력이 향상되고 맞춤법에도 강해지며 사용하는 어휘 수준도 높아지는 것을 확인할 수 있었습니다. 마치 좋은 도구를 가진 목수가 훨씬 더 정교한 작품을 만들어내는 것과 같아요. 고학년이 되면 이미 알고 있는 단어가 많아 한자를 받아들이는 속도가 빠르고, 중학년 때 접하면 단어를 문맥 속에서 유추하는 법을 배워 어휘력을 차근차근 넓혀갈 수 있습니다. 한자 사용이 많은 사회, 과학 과목을 배우는 3학년 이전에 시작하는 것을 추천합니다.

우리말에 대한 이해력을 높이고 어휘력을 확장하는 의미에서 한자 공부는 중요합니다. 부담스럽지 않은 방법으로 꾸준히 학습하면 큰 도움이 될 것입니다. 한자는 우리 언어의 깊이를 더해주는 보물과도 같습니다. 이 보물을 통해 우리 아이들이 더 풍부한 언어생활을 누릴 수 있도록 도와주세요.

# TIP
## 한자 교재/교구 추천

### 1. 교재 추천

**한자가 어휘력이다**
교과서 속 한자로
어휘력을 키우는 책입니다.

**우공비 일일한자**
한자가 만들어진 원리를 통해
한자의 훈과 음을 쉽게
이해할 수 있는 책입니다.

**EBS 어휘가 독해다!**
교과서에 자주 나오는 한자 어휘로
독해 실력과 어휘 추론력을
키워줍니다.

**하루 한 장 한자**
교과서 한자 어휘를 이해하고
한자 급수 시험도
대비할 수 있는 교재입니다.

## 2. 교구 추천

**천지인 한자카드**

글자를 읽으면서 이미지를
연상할 수 있어 오랫동안
한자를 기억할 수 있습니다.

**리틀빈 초등 한자카드**

한자의 어원과 뜻 풀이,
상형문자의 변형 과정,
한자가 포함된 예문이 들어있습니다.

**한자 급수카드**

사단법인한국어문회가 배정한 한자를 기준
으로 제작한 카드입니다. 급수별 한자와
부수, 연관 단어까지 수록되어 있습니다.

**메모리교육 한자가 쑥쑥**

매칭 게임, 메모리 게임으로
쉽고 재밌게 한자를 배울 수 있도록
만들어진 놀이용 카드입니다.

## TIP 산만한 아들을 위한 한자 암기법

산만한 남자아이에게 한자를 가르치는 것은 쉽지 않지만, 창의적인 방법을 활용하면 집중력을 높이고 학습에 흥미를 갖게 할 수 있습니다. 아이들은 단순한 암기보다는 이야기를 듣거나 게임을 통해 배우는 것을 더 좋아하기 때문에, 여러 가지 다양한 접근법이 필요합니다. 산만한 아이들이 한자를 더 쉽게 배우고 즐길 수 있는 다양한 방법들을 소개하겠습니다.

### 1. 이야기로 연결하기

아이들이 한자를 쉽게 기억할 수 있도록 한자의 모양을 이야기로 연결해 설명하는 방법은 매우 효과적입니다. 예로 들어 '학교 교(校)'는 '나무 울타리로 되어있는 학교가 6학년까지 있다' 하고 설명해 주는 것입니다. 그럼 아이의 눈에 복잡해 보이던 한자가 훨씬 더 친숙하게 다가오며 빠르게 기억할 수 있습니다. 이야기나 이미지를 통해 학습하면 한자가 단순한 기호가 아닌 생동감 있는 학습 경험으로 변하게 됩니다.

### 2. 시각적 도구 활용하기

아이에게 한자를 그림이나 색깔로 구분된 플래시 카드로 보여주면 시각적 자극을 통해 더 쉽게 기억할 수 있습니다. 한자의 구성 요소를 색깔로 구분하거나 한자의 의미를 그림으로 표현하게 하는 것입니다. 저는 두 아이에게 매일 10분씩 플래시 카드를 보며 한자를 복습하도록 지도했습니다. 카드에 있는 그림이 한자의 의미와 연결되기 때문에 아이들이 훨씬 쉽게 한자를 기억했습니다.

### 3. 쓰기와 읽기 병행하기

한자를 반복적으로 쓰고 소리 내어 읽는 것은 암기에 매우 효과적입니다. 짧은 시간이라도 좋습니다. 하루에 두 글자씩만 꾸준히 읽고 쓰는 습관을 기르면 됩니다. 특히 산만한 아이들에게는 너무 긴 시간보다는 짧은 시간을 집중해서 반복하는 것이 중요합니다.

### 4. 게임 활용하기

게임은 산만한 아이들이 흥미를 잃지 않으면서 학습할 수 있도록 하는 좋은 방법입니다. 한자 퍼즐이나 퀴즈, 플래시 카드 게임 등을 활용하면 학습이 놀이처럼 느껴져 집중력이 높아집니다. 저는 한자 퍼즐 게임을 자주 활용했습니다. 아이들은 퍼즐을 맞추면서 한자의 뜻을 자연스럽게 익히고, 경쟁적인 요소가 들어가니 더욱 집중하는 모습을 보였습니다.

### 5. 연상 기억법 활용하기

한자의 모양과 의미를 연상시키는 그림을 그리거나 비슷한 발음의 단어와 연결하는 것도 매우 효과적입니다. 예를 들어, '나무 목(木)'은 나무의 모양을 연상시키고, '사람 인(人)'은 사람이 두 팔과 두 다리를 벌리고 서있는 모습처럼 기억할 수 있습니다. 한자 모양을 간단한 그림으로 바꾸어 기억하게 하면 재밌게 한자를 암기할 수 있어요. 연상 기억법은 창의적인 방식으로 아이들이 한자를 더 깊이 이해할 수 있도록 도와줍니다.

### 6. 노래와 율동 활용하기

한자를 외울 때 노래와 율동을 활용하는 것도 좋은 학습법입니다. 노래는 반복 학습을 자연스럽게 만들어주고, 율동은 몸을 움직이면서 학습에 몰입하게 해줍니다. 아이가 너무 지루해할 때는 한자 암기 노래를 같이 만들고 신나게 한자를 외우면 좋습니다. 산만한 아이들에게는 몸을 움직이며 배우는 방식이 도움이 됩니다.

### 7. 가족과 함께 공부하기

부모가 아이와 함께 한자를 공부하면서 칭찬과 격려를 아끼지 않으면 아이는 더 자신감을 느낄 수 있습니다. 아이가 그날 배운 한자를 가족들에게 설명하는 시간을 가지면 복습도 효과적으로 할 수 있어요. 이때 몰랐던 사실을 아이 덕분에 안 것처럼 칭찬을 듬뿍 해준다면 아이의 자신감이 높아집니다.

## 8. 시각적 포스터 활용하기

아이가 자주 오가는 공간에 한자 포스터를 붙여두면 자연스럽게 반복 학습이 이루어질 수 있습니다. 따로 공부하지 않더라도 아이가 포스터를 통해 계속해서 한자를 접하게 됩니다. 책상 앞에 한자 포스터를 붙여두고 휴식 시간에 포스터를 보도록 노출시켜 주는 것도 좋습니다. 시각적인 반복 학습은 아이가 은연중에 한자를 기억하도록 도와줍니다.

# 디지털 리터러시 키우는 컴퓨터 활용 능력

요즘 아이들은 스마트폰 사용에 매우 능숙하지만, 정작 컴퓨터 활용 능력은 부족한 경우가 많습니다. 의외로 많은 아이가 여전히 독수리 타법으로 타자 치는 모습을 볼 수 있어요. 시간적 여유가 많은 방학은 이러한 컴퓨터 활용 능력을 키울 수 있는 절호의 기회입니다.

오늘날의 교육 환경에서는 컴퓨터 활용 능력이 필수입니다. 초등학교에서도 자료를 만들거나 발표할 때 파워포인트와 미리캔버스 같은 도구를 사용하는 빈도가 높아지고 있어요. 하지만 많은 아이들이 이러한 도구들을 제대로 사용하지 못해 어려움을 겪고 있습니다. 학년이 올라갈수록 자신이 배운 것, 조사한 것을 슬라이드나 동영상으로 만들어서 발표하거나 제출하는 과제가 많아지는데, 컴퓨터 활용 교육

▲ 'EBS 이솦'으로 코딩을 배우는 아이들

은 교과 과정 안에서 체계적으로 이루어지지 않고 있죠. 문서 작성, 데이터 분석, 프레젠테이션 제작 등은 모두 컴퓨터 활용 능력이 필요합니다. 컴퓨터를 능숙하게 다루는 아이는 과제를 더 효율적으로 완성할 수 있으며, 창의적인 프로젝트를 진행할 때도 많은 도움을 받을 수 있습니다. 또한 학업뿐만 아니라 일상생활에서도 많은 이점을 누릴 수 있습니다.

방학 동안 하루에 일정 시간을 정해 타자 연습을 하고, 기본적인 문서 작성과 편집 기능을 익히도록 해주세요. 한글 프로그램을 사용해 간단한 글을 작성하고 파워포인트로 발표 자료를 만들어보는 연습을 하는 것도 좋고, 캔바나 미리캔버스를 이용해 포스터나 슬라이드를 제작해 보는 것도 좋습니다. 방학 동안의 집공부 계획표에 관련 일정을 넣어주세요.

컴퓨터 활용 능력은 단순히 기술을 배우는 것을 넘어, 아이들의 학습 능력과 창의력을 키워줄 수 있는 중요한 도구입니다. 방학 동안 다양한 컴퓨터 활용 기술을 익히면서 아이는 더 자신감 있게 학업에 임할 수 있으며, 앞으로의 학습과 생활에도 큰 도움이 될 것입니다. 스마트폰을 능숙하게 다루는 아이들이 컴퓨터 활용 능력까지 갖춘다면, 이는 마치 두 개의 강력한 도구를 손에 쥐는 것과 같습니다.

TIP

# 동영상, 슬라이드 제작 어플

최근에는 음악, 텍스트, 애니메이션 효과를 활용한 창의적인 영상을 만들어보는 경험이 중요해지고 있습니다. 발표용, 여행 기록, 특별한 날을 기념하는 영상을 집에서 제작해 보면서 아이의 디지털 리터러시와 창의력을 키워줄 수 있습니다. 초등학생이 사용할 수 있을 정도로 직관적이고 간단한 기능을 갖춘 어플들을 소개합니다.

## 1. 동영상 제작

| | | |
|---|---|---|
| FilmoraGo | Android, iOS | 직관적인 인터페이스와 다양한 편집 도구를 제공하며, 초등학생들도 쉽게 사용할 수 있습니다. 무료 버전으로도 충분한 기능을 이용할 수 있습니다. |
| VivaVideo | Android, iOS | 다양한 템플릿과 편집 도구를 제공하며, 동영상 제작 및 편집을 쉽게 할 수 있습니다. 무료로 사용할 수 있는 많은 기능이 있습니다. |
| CapCut | Android, iOS, 웹 기반 | 직관적이고 사용하기 쉬운 인터페이스를 제공하며, 다양한 편집 도구와 효과를 통해 초등학생들이 재미있게 동영상을 편집할 수 있습니다. |

## 2. 슬라이드 제작

| | | |
|---|---|---|
| Google Slides | 웹 기반, Android, iOS | 실시간 협업 기능을 제공하며, 간단한 인터페이스와 다양한 템플릿을 통해 초등학생들이 쉽게 슬라이드를 제작할 수 있습니다. |
| Microsoft PowerPoint | Windows, macOS, Android, iOS | 가장 널리 사용되는 프레젠테이션 도구로, 다양한 기능과 템플릿을 제공하여 초등학생들이 창의적으로 슬라이드를 만들 수 있습니다. |
| 미리캔버스 | 웹 기반, Windows, macOS | 다양한 디자인 템플릿과 사용하기 쉬운 인터페이스를 제공하여 초등학생들도 쉽게 슬라이드를 제작할 수 있습니다. 협업 기능을 통해 팀 프로젝트에도 활용할 수 있습니다. |
| Canva | 웹 기반, Android, iOS | 다양한 디자인 템플릿과 간편한 드래그 앤 드롭 기능을 제공하여 초등학생들도 쉽게 슬라이드를 제작할 수 있습니다. 또한, 무료 및 유료 요소를 선택해 활용할 수 있으며, 협업 기능을 통해 팀 프로젝트에도 유용하게 사용할 수 있습니다. |

# 적절한
# 사교육 활용 타이밍

방학에는 학교에서 벗어나 자유로운 시간을 보낼 수 있기에 학습의 연속성을 유지하는 것이 중요합니다. 그래서 많은 부모가 방학을 활용해 아이들의 학습 성과를 점검하고 부족한 부분을 보완하려고 하죠. 이 과정에서 학원을 활용하는 것도 좋은 방법이 될 수 있습니다.

앞서 강조했듯 집공부는 아이의 개별적 특성과 흥미를 고려한 맞춤형 교육이 가능하다는 큰 장점이 있습니다. 부모가 직접 교육에 참여하므로 아이의 학습 진행 상황을 면밀히 파악할 수 있고, 아이와의 유대감도 깊어집니다. 또한, 학교 수업에서 다루지 못하는 부분이나 아이가 특별히 관심 있는 분야에 대한 심화 학습도 가능하죠.

그러나 엄마표 학습에도 한계는 존재합니다. 부모의 주관적인 판단에 의존하기 때문에 학습의 폭이 좁아질 수 있고, 객관적인 평가가 부족할 수 있습니다. 또한 부모가 모든 과목을 완벽히 가르치기에는 어려움이 따르기 때문에 아이의 학습 수준을 정확히 파악하기가 어렵다는 한계도 있습니다. 이러한 엄마표 학습의 한계를 보완하기 위해 방학 동안 학원을 활용하는 것은 매우 유용합니다. 대형 학원에서는 다양한 과목에 대한 체계적인 커리큘럼과 평가 시스템을 갖추고 있습니다. 이를 통해 아이의 현재 학습 수준과 부족한 부분을 객관적으로 파악할 수 있습니다. 특히 대형 학원의 테스트는 전국 단위로 시행되기 때문에 다른 학생들과의 비교를 통해 아이의 위치를 정확히 알 수 있습니다. 테스트를 통해 얻은 결과는 아이의 학습 계획을 재정비하는 데 큰 도움이 됩니다. 수학에서 특정 단원이 약하다면 그 부분을 집중적으로 보완할 수 있는 계획을 세울 수 있고, 영어 듣기나 독해에서 부족한 점이 발견된다면 해당 부분을 강화하는 학습 방법을 모색할 수 있습니다. 이러한 객관적인 데이터는 집공부의 질을 한 단계 높여줍니다.

먼저, 학원의 테스트 일정을 확인하고 시험 준비를 하면 됩니다. 시험 당일에는 아이가 긴장하지 않도록 편안한 분위기를 조성해 줍니다. 시험 후에는 결과를 분석하여 아이의 강점과 약점을 파악합니다. 결과 분석 후에는 아이와 함께 학습 계획을 재조정합니다. 부족한 부분을 보완할 수 있는 구체적인 학습 목표를 설정하고, 이를 보충해 줄 방법을 모색합니다.

엄마표 학습과 대형 학원의 테스트는 상호 보완적인 관계에 있습니다. 엄마표 학습으로 아이의 흥미를 유도하고 개별 맞춤형 교육을 제공하고, 대형 학원의 객관적인 평가를 통해 학습의 방향성을 점검하고 부족한 부분을 보완할 수 있기 때문입니다. 이를 통해 아이는 더 균형 잡힌 학습을 할 수 있으며, 부모는 아이의 학습 상황을 더욱 명확히 파악할 수 있습니다.

## TIP 수학 학원 잘 고르는 법

### 1. 무학년제 반이 아닌 곳

공부방처럼 아이들이 편한 시간에 와서 본인 진도만큼 문제를 풀 수 있는 학원들이 있습니다. 선생님이 일대일로 오답이나 개념을 설명해 준다는 장점은 있지만, 분위기가 어수선할 수 있어요. 또 이러한 학원은 보통 아이의 수학 실력을 학습 기준으로 삼기에 해당 과목을 힘들어하는 친구 또는 잘하는 친구 위주로 수업이 흘러갈 수 있어 피하는 것이 좋습니다.

### 2. 강의식 수업이 아닌 곳

과목별로 강의만 진행하고 문제는 숙제로 풀어온 뒤 오답을 선생님과 체크하는 방식은 추천하지 않습니다. 아이의 이해 정도와 상관없이 진도를 앞서갈 수 있으므로 주기적인 테스트나 부모의 확인 가능 여부를 체크해 보세요.

### 3. 수학 교육을 전공한 선생님

수학은 개념을 정확하게 아는 것이 중요합니다. 왜 삼각형의 넓이가 '밑변×높이÷2'인지 알고 푸는 것과 그냥 외워서 푸는 건 다를 수밖에 없겠죠. 개념과 원리를 알려면 전공자에게 배우는 것이 좋습니다. 물론 학원 원장님이 아니라 아이를 가르치는 선생님이 전공하는 경우를 말합니다.

### 4. 학년별 반이 여러 개 있는 곳

수학은 기본, 응용(유형), 심화 등 같은 학기 안에서도 레벨이 나뉩니다. 다양한 반 구성은 아이가 좀 더 적절한 수준의 수업을 받을 수 있다는 것을 의미합니다. 또한 아이가 지금보다 높은 반으로 올라가려는 노력과 성취감을 경험할 수 있으므로 반이 여러 개 있는 학원을 추천합니다.

## TIP 영어 학원 잘 고르는 법

영어는 대형 학원, 명문대 출신 강사가 있는 곳이라고 해서 좋은 학원이 아닙니다. 아이의 수준과 어떻게 공부를 해왔는지 학습 스타일을 고려하여 아이에게 필요한 영어 학습을 진행하는 곳이 가장 좋은 학원입니다. 학원 시스템보다는 교습자를 보고 고르는 것이 더 좋습니다. 만약 다른 학원에 다녔더라도 같은 레벨의 교재를 한 번 더 복습하며 새로운 학원에 적응할 시간이 있으면 좋습니다. 담당 선생님과 상담할 때 아이의 성향과 학원이 잘 맞을지 확인해 보세요. 아이가 저학년일수록 아이의 학습 수준, 교습자의 마인드, 학원의 관리가 중요하고, 고학년일수록 전문성과 커리큘럼, 시스템 등이 중요합니다.

또 초등 저학년은 외국인 수업, 놀이 수업, 원서 읽기 등 다양한 읽기와 말하기를 하는 곳이 영어에 대한 흥미와 집중력을 높여줍니다. 최근 수행평가나 지필고사 주관식 등 내신 평가에서 영어 쓰기의 비중이 높아지고 있으므로, 고학년은 학원에서 쓰기 부분을 잘 지도해 주는지 확인하는 것이 좋습니다.

영어 학원 중에는 자기주도 학습을 목표로 10분 지도와 50분 자습 후 체크해 주는 루틴 위주의 학원들이 있는데, 이렇게 LAB실(어학실) 위주로 수업이 이뤄지는 형태 중에서 숙제가 아닌 수업을 주기적으로 하는 곳은 권하지 않습니다.

## 1. 다양한 영어 학원의 종류

| | |
|---|---|
| **교습소** | 1인이 공부방을 운영하다가 원장이라는 직함으로 교습소로 전환한 경우입니다. 교사를 추가로 둘 수 없어서 원장 혼자 수업을 해야 합니다. 소규모로 운영되지만, 학년이 섞여있는 경우가 많아 분위기가 학원보다는 산만할 수 있습니다. 초등 저학년이나 최상위반에 들어가는 학생에게 적합합니다. |
| **도서관 수업** | 일반 학원보다 비용이 저렴하고 아이의 흥미를 일으키는 수업으로 구성된다는 장점이 있습니다. 다만 세부적인 커리큘럼 확인이 어렵고, 전공자가 아닐 경우 영어 읽기에 치중될 가능성이 있습니다. 초등학교 3학년까지는 적합할 수 있어요. 원서 읽기 외에 문법이나 원어민 수업, 어휘 수업도 선택 과목으로 하는지 체크해 보세요. |
| **중소형 보습 학원** | 교습소에서 확장한 경우가 많습니다. 보통 원장 중심으로 운영되며, 원장과 강사가 모두 수업하는 곳이 많습니다. 학원에 고등부가 있는지를 확인해 보세요. 학년 층이 넓지 않으면 수능형에 대한 집중적 지도가 힘듭니다. 수학 학원은 초등부터 중등까지기 적합하고, 영어는 어학원식 수업에 한국식 수업이 결합된 형태가 좋습니다. |
| **토플형 미국식 학원** | 영어 유치원을 보낸 부모들이 많이 보내는 학원입니다. SAT나 토플 위주의 수업이고, 교포 출신의 선생님이 많습니다. 아이가 원어민 수준으로 영어와 한국어 둘 다 구사할 경우에 추천하며, 중등 입학 전에는 입시형 학원으로 전환해 주는 것이 좋습니다. |
| **대형 학원** | 프랜차이즈 학원이 많고 강사의 자질이 평균 이상입니다. 모든 영역을 골고루 수업하며 수준별로 다양한 반이 있다는 장점이 있습니다. 다만 담임 선생님이 중요하며 지점별로 분위기가 다를 수 있습니다. 많은 인원을 수용한다면 관리가 안 될 수도 있어요. 아이의 학습 수준이 상위권이라면 초등 4학년부터 다니는 것이 좋습니다. 초등과 중등의 각 레벨별로 학원들의 강점이 다르니 잘 살펴보고 선택하세요. |

| | |
|---|---|
| **내신 중점 학원** | 내신에 집중된 학원은 중등 1학년부터 적합합니다. 각 학교별 기출 문제, 자료가 풍부하여 지도 노하우가 있습니다. 수능 대비 수업을 기본으로 하면 시험을 앞두고 내신 준비를 도와줍니다. |

## 2. 산만한 아들에게 추천하는 학원 유형

친구들과 장난치는 것을 좋아하는 산만한 아들의 특성상 대형 학원보다는 공부방처럼 소그룹으로 수업을 진행하는 곳이 좋습니다. 여학생과 남학생 비율이 비슷한 곳에서 친한 친구보다는 학습 성향이 비슷한 친구와 함께 선의의 경쟁을 하는 것이 최적의 환경입니다. 선생님은 기혼 여성 또는 남자 선생님처럼 아들에 대한 이해도가 높은 선생님이 좋습니다. 또 주 3회 하루에 두 시간씩 한 번에 장시간 학습하는 곳보다는 주 5회 하루에 한 시간 정도로 자주 짧게 갈 수 있는 학원이 좋습니다.

부록

# 맘카페 집공부 단골 Q&A

Q.

# 책을 너무 빠르게 읽거나 너무 느리게 읽어서 내용 이해가 부족한 것 같아요. 어떻게 도와줄 수 있을까요?

A. 아이들이 독서할 때 너무 빠르게 읽거나, 반대로 너무 느리게 읽는 것은 학습 효과와 책에 대한 이해에 큰 영향을 미칩니다. 빠르게 읽는 아이들은 종종 이야기의 전체적인 흐름이나 중요한 세부 사항을 놓치기 쉽고, 너무 느리게 읽는 아이들은 쉽게 지치거나 내용을 이해하는 데 어려움을 겪을 수 있습니다.

우선, 너무 빠르게 읽는 아이는 텍스트를 보다 천천히, 그리고 깊이 있게 접근하도록 유도해야 합니다. 이를 위해 먼저 책을 구역별로 나누어 읽게 해주세요. 예를 들어, 한 챕터를 다 읽기 전에 몇 페이지씩 나누어 읽게 하고, 각 부분을 읽은 후 책을 잠시 덮고 그 내용을 정리하게 합니다.

정리할 때는 해당 내용에 대한 간단한 질문을 던져 아이가 스스로 읽은 내용을 떠올리게 하고, 중요한 장면이나 인물의 행동을 설명하게 해주세요. 이렇게 하면 아이는 단순히 빠르게 읽고 넘어가는 것이 아니라, 읽은 내용을 생각하고 기억할 수 있게 됩니다. 또한, 책을 읽을 때 메모하는 습관을 들여주는 것도 좋습니다. 중요한 단어나 구절에 표시하거나, 책 옆에 간단히 생각을 기록하는 방식으로 읽기 속도를 자연스럽게 늦출 수 있습니다.

반대로 너무 느리게 읽는 아이의 경우는 텍스트를 효율적으로 처리할 수 있도록 도와줘야 합니다. 여기서 중요한 것은 아이가 자신감을 잃지 않도록 격려하면서 점차 읽기 속도를 올려주는 것입니다. 아이가 책을 읽을 때 너무 느리다면, 짧은 시간 동안 읽을 양을 정해주는 방식이 좋습니다. "이번에는 5분 동안 이만큼만 읽어보자" 하고 시간 제한을 두어 짧은 텍스트를 읽게 하세요. 그런 다음 내용을 확인해 보며, 아이가 얼마나 이해했는지 확인합니다. 이렇게 하면 느린 속도 때문에 지루해하거나 내용을 이해하지 못하는 문제를 해결하는 데 도움이 됩니다. 오디오북을 활용하거나 부모가 직접 읽어주면 빠르게 흐름을 따라가면서도 이해력을 높이는 데 도움이 될 수 있습니다. 듣기와 읽기를 병행하면, 아이는 더 자연스럽게 책의 흐름을 따라가면서 동시에 읽기 속도를 조절할 수 있습니다.

마지막으로, 아이의 읽기 속도를 교정하기 위해서는 책의 선택도 중요합니다. 아이가 빠르게 읽는 경향이 있다면, 조금 더 내용이 깊고 복잡한 책을 선택해 도전하게 하는 것이 좋습니다. 반면, 너무 느리게 읽는 아이는 간결하고 흥미로운 이야기를 가진 책부터 시작해 점차 길고 복잡한 책으로 확장해 나가는 것이 효과적입니다. 이 과정에서 아이가 책 읽기를 즐기고, 자신에게 맞는 속도를 찾아갈 수 있도록 부모의 적절한 지도와 지원이 필요합니다.

결론적으로, 아이의 독서 속도를 조절하려면 시간과 인내심이 필요합니다. 아이가 너무 빨리 또는 너무 느리게 읽는 습관을 고쳐 나가는 과정에서 독서가 더 즐거운 경험이 될 수 있도록 격려하고 도와주세요.

Q.

## 아이가 글씨를 너무 못 씁니다. 글씨체를 개선할 방법이 있을까요?

A. 아이의 글씨체가 엉망이라면 글을 읽는 데 불편을 초래하거나 글의 내용을 전달하는 데 방해가 될 수 있습니다. 글씨체를 개선하는 것은 시간이 걸리지만, 꾸준한 연습과 적절한 지도만 있다면 충분히 가능합니다. 먼저, 아이가 글씨를 쓰기 전에 올바른 필기 자세와 도구를 갖추었는지 확인합니다. 아이가 편안한 자세로 앉아 적절한 각도의 책상에서 글을 쓰는 것이 중요합니다. 연필심은 HB보다는 B가 힘을 덜 들이고 쓸 수 있어 연습할 때 적합합니다. 연필의 그립감도 중요하므로, 아이가 너무 두껍거나 얇은 연필을 사용하는 경우 바꿔보는 것이 좋습니다.

그 다음에는 천천히 글씨를 쓰게 합니다. 글씨체가 엉망인 경우, 대개 아이가 글씨를 너무 서둘러 쓰는 경우가 많습니다. 글씨를 쓸 때 속도를 늦추고, 한 글자 한 글자를 신중하게 쓰는 연습을 시켜보세요. 이를 위해 글씨체 교정 노트나 한 글자씩 적을 수 있는 연습장을 사용하는 것이 도움이 됩니다. 이러한 교정 노트는 글자 간격을 일정하게 유지하고, 모양을 신경 쓰며 글씨 쓰는 연습을 할 수 있게 도와줍니다.

글씨체 연습을 게임처럼 만들어 아이가 흥미를 잃지 않도록 유도할 수도 있습니다. 일정 시간 동안 글씨를 바르게 쓴 만큼 스티커를 주고, 일정 개수를 모으면 작은 보상을 주는 방식으로 아이의 동기를 자극할 수 있습니다. 아이가 글씨를 쓸 때는 칭찬을 아끼지 말고, 잘 쓴 부분에 대해 구체적으로 언급해 주세요. "여기 쓴 글씨가 아주 정확하고 예쁘네" 하고 칭찬해 주면 아이는 자신감이 생기고 더 신경 써서 쓰려는 의욕을 가질 것입니다.

본보기 글씨를 따라 쓰는 연습도 효과적입니다. 부모님이나 교사가 모범이 될 수 있는 글씨를 적어주고, 아이가 그것을 따라 쓰게 합니다. 이 과정에서 아이가 본보기 글씨와 자신의 글씨를 비교하며 차이를 인식하고, 조금씩 교정할 수 있습니다. 이때도 너무 지나치게 꼼꼼하게 지적하기보다는 긍정적인 피드백을 주며 글씨를 개선해 나가도록 돕는 것이 중요합니다.

마지막으로, 아이가 글씨 쓰는 것을 즐길 수 있는 기회를 많이 주세요. 편지 쓰기, 일기 쓰기, 카드 만들기와 같은 활동을 통해 자연스럽게 연습하면 좋습니다. 글씨체 개선은 시간이 걸리지만, 꾸준한 연습과 긍정적인 피드백이 있다면 아이는 차츰 더 바르게 글씨를 쓸 것입니다.

Q.

## 숙제를 할 때 자꾸 부모에게 도움을 요청하는데, 스스로 해결하도록 유도하려면 어떻게 해야 할까요?

**A.** 아이들이 숙제할 때 자꾸 부모에게 도움을 요청하는 것은 자신감이 부족하거나, 문제 해결력이 아직 낮거나, 부모의 도움에 의존하기 때문일 수 있습니다. 이때는 아이가 스스로 문제를 해결할 수 있도록 유도하는 몇 가지 방법을 사용할 수 있습니다.

아이가 숙제할 때마다 도움을 요청할 경우, 즉각적으로 문제를 해결해 주기보다는 스스로 생각할 수 있는 시간을 줍니다. "이 문제를 어떻게 풀어볼 수 있을까?", "힌트를 찾아볼 수 있을까?" 하고 질문을 던져서 스스로 해결할 수 있는 실마리를 잡을 수 있도록 도와줘야 합니다.

그런 다음 문제 해결을 위한 단계적인 접근법을 가르쳐줍니다. 문제의 요지, 문제의 조건을 파악하는 방법, 문제를 풀 때 필요한 정보가 무엇이 있는지 같이 정리해 볼 수 있습니다. 어려운 일이지만 부모가 너무 많은 도움을 주지 않도록 주의하세요. 부모가 모든 답을 알려주게 되면, 아이는 스스로 문제를 풀어야 할 필요성을 느끼지 못하게 됩니다. 따라서 직접적인 답을 주기보다는 인내심을 갖고 아이가 스스로 생각할 수 있도록 옆에서 격려하는 역할을 해주세요. "이 부분을 다시 생각해 보면 좋겠어" 또는 "힌트를 주면 스스로 풀어볼 수 있겠니?" 하고 아이를 도와주세요.

아이가 스스로 문제를 풀었을 때는 그 과정에서의 노력을 인정해 주고, 크게 칭찬해 주는 것이 좋습니다. 이는 아이가 더 많은 문제를 스스로 해결하려는 동기를 유발합니다. 어려운 문제를 풀지 못했을 때는 함께 문제를 분석하고, 왜 그 문제를 풀지 못했는지 설명해 주세요. 실수를 통해 배울 수 있다는 것을 아는 것도 중요한 교육입니다.

Q.

## 수학 문제를 풀 때 계산 실수가 너무 많아요. 어떻게 하면 계산 실수를 줄일 수 있을까요?

A. 계산 실수가 잦은 원인은 다양하지만, 일반적으로는 아이가 문제를 풀 때 너무 서두르거나, 문제를 충분히 이해하지 못한 채 풀이를 시작하기 때문입니다. 이러한 문제를 해결하기 위해서는 체계적이고 단계적인 접근이 필요합니다.

아이가 문제를 푸는 과정을 단계별로 나누어 진행하도록 지도합니다. 계산을 빨리 끝내려고 하면 실수할 가능성이 높아지므로, 문제를 천천히 읽고 이해한 후 차근차근 풀이에 들어가도록 도와주세요. 종종 아이들은 문제의 질문을 정확히 이해하지 못한 채 계산부터 시작하면서 실수합니다. 따라서 문제를 풀기 전에 반드시 문제의 지문을 천천히 읽고, 요구하는 바를 명확하게 이해하게끔 지도해야 합니다. 이를 위해 “문제를 다 읽었니?”, “이 문제에서 무엇을 구해야 할까?” 등의 질문을 통해 아이가 문제를 끊어 읽게 합니다. 저는 문제를 읽을 때 조건별로 끊어 읽게 하고, 조건은 동그라미 표시, 구해야 할 문제는 밑줄을 긋도록 했습니다. 이런 방법으로 문제를 해석하는 훈련을 반복하면 실수를 줄일 수 있습니다.

다음으로는 문제 풀이 과정을 단계별로 논리적으로 진행하는 습관을 기르는 것입니다. 아이들이 계산 실수를 하는 주된 이유 중 하나가 문제를 한꺼번에 풀려고 하기 때문입니다. 문제를 단계별로 나누어 차근차근 풀어나가면 계산 과정에서 오류를 줄일 수 있습니다. 이를 위해 각 문제를 풀기 전에 아이에게 "지금 어떤 단계를 먼저 해야 할까?", "이 과정에서 어떤 계산을 먼저 해야 할까?" 등의 질문을 던져주면 좋습니다.

계산을 할 때 실수를 줄이기 위한 구체적인 전략을 마련해 주는 것도 좋습니다. 한 가지 방법으로는 계산 실수를 방지하기 위한 체크리스트를 만들어 사용하는 것입니다. 체크리스트는 계산의 각 단계를 확인하는 데 도움이 될 수 있으며, 아이가 문제를 풀 때마다 스스로 점검할 수 있도록 도와줍니다. 체크리스트에는 '문제를 정확히 읽었는가?', '계산 중간 단계에서 오류가 없는가?', '최종 답을 다시 검토했는가?' 등의 항목을 포함하면 좋습니다.

계산 실수를 줄이는 중요한 습관은 문제 풀이 후 답을 점검하는 것입니다. 아이가 문제를 다 풀었다고 해서 바로 다음 문제로 넘어가지 않고, 풀었던 과정을 다시 한번 살펴보게 지도해 주세요. 스스로 다시 풀어보면서 잘못된 부분을 찾아내면 다음에는 같은 실수를 반복하지 않습니다. 자신이 어느 부분에서 실수했는지 명확히 깨닫기 때문입니다.

계산 실수가 잦은 것은 기본적인 사칙 연산이 미숙한 것도 이유일 수 있습니다. 덧셈, 뺄셈, 곱셈, 나눗셈 등 기본 연산을 정확하게 수행할 수 있도록 연습이 필요합니다. 사칙 연산은 일상생활에서 숫자 놀이를 하거나, 연산 관련 게임이나 어플을 활용해 재미있게 연습할 수 있습니다. 간단한 계산 퀴즈를 자주 내거나, 마트에서 물건 가격을 더해보는 활동 등을 통해 자연스럽게 연산 능력을 키워주세요. 기본 연산 능력이 탄탄해지면 복잡한 문제를 풀 때도 계산 실수를 줄일 수 있습니다.

## Q.

## 문제를 틀리면 쉽게 포기하는 아이, 학습 의욕을 어떻게 높일 수 있을까요?

**A.** 아이들이 문제를 틀리면 쉽게 포기하는 경우, 이는 실패에 대한 두려움이나 자신감 부족에서 비롯될 수 있습니다. 먼저 실패에 대한 인식을 바꿔줄 필요가 있습니다. 아이에게 실패는 배움의 과정이며, 틀린 문제는 더 잘할 수 있는 기회라는 점을 강조해야 합니다. 아이가 문제를 틀렸을 때 "잘못된 점을 발견했으니 더 나아질 수 있는 기회야!" 하고 긍정적인 태도를 보여주세요. 또 아이가 문제를 풀려고 노력했을 때는 그것을 칭찬하는 것이 중요합니다. 아이가 문제를 푸는 데 시간이 걸리거나 어려워하더라도, 그 노력을 인정해 주고 격려해 주세요. 아이가 어떻게 문제에 접근했는지, 어떤 생각을 했는지를 구체적으로 칭찬해 주면 결과보다는 과정이 중요함을 알려줄 수 있습니다.

아이의 자신감을 키우는 것도 중요합니다. 문제를 틀릴 때마다 "나는 못해" 하고 주눅 드는 모습을 보인다면, 작은 성공 경험이 필요한 순간입니다. 아이가 쉽게 풀 수 있는 문제부터 시작하여 점차 어려운 문제로 나아가게 해주세요. 아이가 스스로 성취감을 느끼는 것이 우선입니다.

정답을 맞히는 것이 아니더라도 성취감을 끌어내는 방법이 있습니다. 바로 아이와 함께 구체적인 목표를 설정하는 것입니다. 예를 들어, “오늘은 이 문제를 세 번만 틀려보자” 하고 작은 목표를 설정하고, 그 목표를 달성하는 것에서 성취감을 느끼도록 도와주는 것입니다. 이런 방법들은 아이가 문제를 틀리더라도 쉽게 포기하지 않고, 학습에 대한 긍정적인 태도를 형성하는 데 도움이 됩니다.

Q.

## 집에서 공부할 때 집중을 방해하는 텔레비전이나 게임을 어떻게 관리하면 좋을까요?

**A.** 텔레비전, 게임, 스마트폰과 같은 학습에 방해되는 요소들은 효과적으로 관리하기 위해서 아이와 부모가 함께 규칙을 정하고, 일관성 있게 그 규칙을 지키는 것이 중요합니다. 아이가 공부와 놀이 시간을 명확히 구분하는 규칙을 세우게 해보세요.

예를 들어 '공부하는 시간에는 텔레비전이나 게임을 하지 않는다'는 규칙을 아이와 함께 정할 수 있습니다. 이때 중요한 것은 이러한 규칙을 단순히 강압적으로 적용하는 것이 아니라, 왜 이러한 규칙이 필요한지 아이에게 충분히 설명하고 아이가 스스로 결정하게 하는 일입니다.

또한, 공부 시간 동안 방해 요소를 물리적으로 차단하는 것도 효과적입니다. 공부하는 공간에는 텔레비전이나 게임기와 같은 전자기기를 두지 않고, 스마트폰은 사용하지 못하도록 특정 장소에 보관하는 방법을 사용할 수 있습니다. 이러한 방법은 아이가 공부에 집중할 수 있는 환경을 조성하는 데 도움이 됩니다.

그날의 학습이 끝난 후에는 적당한 놀이 시간을 주는 것이 좋습니다. 공부가 끝나면 유튜브를 보거나 게임할 수 있는 일정 시간을 주는 것입니다. "30분 동안 집중해서 공부하면 그 후에 10분 동안 게임을 할 수 있어" 하고 놀이 시간을 미리 계획하면, 아이는 공부 시간 동안 학습에 온전히 집중하려고 합니다. 보상을 활용하는 것도 좋은 방법입니다. 아이가 규칙을 잘 지키고 집중해서 공부를 마쳤을 때, 게임 시간을 10분 더 주거나 좋아하는 활동을 할 수 있도록 보상하는 방식입니다. 보상 체계는 공부와 놀이의 균형을 맞추는 데 도움이 됩니다.

마지막으로 부모가 좋은 본보기가 되는 것도 중요합니다. 아이가 공부할 때는 함께 조용히 독서하거나, 텔레비전을 끄고 차분한 분위기를 조성해 주세요. 부모가 먼저 규칙을 지키고 방해 요소들을 관리하는 모습을 보여주면, 아이도 자연스럽게 방해 요소를 차단하고 학습에 집중할 수 있게 될 것입니다.

Q.

## 학원과 집공부를 병행할 때, 과부하 없이 균형 있게 학습을 진행하려면 어떻게 해야 할까요?

**A.** 학원과 집공부를 병행하는 경우, 아이가 과부하를 느끼지 않고 균형 있게 학습을 진행할 수 있도록 학습 시간을 적절히 조정하고 관리하는 것이 중요합니다. 학습 과부하는 아이의 학습 의욕을 저하하고 스트레스로 이어질 수 있으므로 주의해야 합니다. 학원과 집공부의 역할을 명확히 구분해야 합니다. 학원에서는 주로 학습의 전반적인 개념을 배우거나 문제 풀이 방법을 익히고, 집에서는 학원에서 배운 내용을 복습하고, 이해하지 못한 부분을 보완하는 방식이 적합합니다.

또한, 집에서의 학습 시간을 너무 길게 잡지 않는 것이 중요합니다. 학원 수업이 끝난 후 아이가 지친 상태에서 장시간의 집공부를 요구하는 것은 오히려 역효과를 낼 수 있습니다. 따라서 집에서는 짧고 집중된 복습 시간을 가지도록 하고, 필요한 경우 주말을 활용해 보충 학습을 합니다. 예를 들어 매일 30분에서 1시간 정도 복습 시간을 정해 아이가 그 시간 안에 집중해서 학습할 수 있도록 도와주세요. 학원에서 제공하는 학습량이 너무 많거나, 아이가 학습에 어려움을 겪고 있는 경우에는 집공부의 학습량을 조정하여 아이가 무리하지 않도록 신경 쓰는 것이 좋습니다. 주말에는 학습보다는 놀이와 휴식을 중심으로 시간을 배분해 아이가 학습 스트레스를 풀 수 있도록 해주세요.

Q.

## 학습 중간에 휴식 시간을 얼마나, 어떻게 주는 것이 가장 좋을까요?

**A.** 초등학생의 경우 대체로 10분 정도의 짧은 휴식을 주는 것이 좋습니다. 휴식 시간을 너무 길게 주면 아이가 다시 학습에 몰입하기 어려워질 수 있습니다. 휴식 시간은 짧게 여러 번 주는 것이 효과적입니다. 휴식 시간에는 신체적, 정신적 휴식을 온전히 취할 수 있도록 도와주세요. 공부하던 자세를 풀고 간단한 스트레칭을 하거나 창밖을 보면서 눈을 쉬게 하는 것이 좋습니다. 짧은 산책으로 몸을 움직이면, 다시 학습에 집중할 수 있는 에너지가 생길 수 있습니다.

아이가 좋아하는 활동을 허용하는 것도 좋은 방법입니다. 예를 들어, 책을 잠깐 읽거나, 간단한 놀이를 하게 해주면 아이는 다시 공부할 동기를 얻게 됩니다. 다만 이때도 휴식 시간이 지나치게 길어지지 않도록 주의하세요. 부모와 아이가 함께 시간을 보내는 것도 좋은 방법입니다. 학습 후 잠깐의 휴식 시간 동안 아이와 간단한 대화를 나누거나 함께 놀이를 하면서 아이의 스트레스를 풀어줄 수 있습니다.

# 많은 실패 속에서 찾은 성장의 길

이 책을 쓰면서 초등 아들을 위한 집공부가 절대 간단하지 않다는 사실을 다시금 깨달았습니다. 하지만 그동안 수많은 부모와 대화를 나누고, 여러 학생과 학습 여정을 함께하며 확신한 것이 있습니다. 집공부는 성적 향상만을 위한 것이 아니라, 아이와 부모가 함께 성장해 가는 과정이라는 점입니다.

저 역시 두 아들과 집공부를 하면서 수많은 시행착오를 겪었습니다. 아이가 한 문제를 푸는 데 30분이 걸릴 때, 계획했던 공부가 전혀 이루어지지 않을 때, 때로는 답답하고 실망하기도 했습니다. 하지만 그 과정을 통해 배운 것이 있습니다. 완벽한 공부법이란 없으며 중요한 것은 아이에게 맞는 방법을 찾아가는 과정 자체라는 것입니다.

아이들은 각자 자신만의 속도로 성장합니다. 어떤 아이는 교과서 속의 개념을 금방 이해하고 자신 있게 문제를 풀어가지만, 어떤 아이는 조금 더 느리게 차근차근 나아갑니다. 부모로서 우리는 그 속도를 존중하고, 아이가 자기 자신을 믿고 스스로 길을 찾을 수 있도록 옆에서 지지해 주는 존재가 되어야 합니다. 집공부는 아이가 주도하는 배움의 첫걸음이며, 부모는 그 길을 함께 걸어가는 동반자니까요.

산만한 아들이라고 해서 희망이 없는 건 아닙니다. 오히려 그 에너지가 제대로 발현되면 놀라운 가능성을 펼칠 수 있는 힘을 가지고 있습니다. 아이들은 단순히 앉아서 책을 읽고 문제를 푸는 것을 넘어 세상을 탐험하고 경험 속에서 배우는 존재입니다. 우리가 해야 할 일은 그 탐험을 믿어주고 때로는 방향을 제시하며 함께 걸어가는 것입니다.

학습 방법과 노하우를 넘어, 아이와 함께 웃고, 때로는 지치기도 하며 성장하는 과정을 나누고 싶었습니다. 이 책이 여러분에게 작은 도움이 되었기를 바랍니다. 앞으로도 집공부는 결코 완벽하게 진행되지 않을 것입니다. 하지만 완벽하지 않아도 괜찮습니다. 아이와 부모가 함께 성장하고, 서로를 이해하는 과정이야말로 집공부의 진정한 목적이기 때문입니다.

언젠가 문득, 아이가 스스로 공부하는 모습을 보게 될 날이 올 것입니다. 그 순간 우리는 아이와 함께 걸어온 이 여정이 비로소 얼마나 값진 것인지를 깨닫게 되겠죠. 아이가 성장하면서 배움을 통해 자신의 길을 찾아가는 동안, 부모인 우리는 그 과정을 함께 지켜보는 축복을 누릴 수 있습니다. 이제 아이와 함께하는 배움의 여정을 계속 걸어가

봅시다. 완벽하지 않아도 괜찮습니다. 꾸준히 나아가는 것이 가장 큰 변화의 시작이니까요.

이 책을 함께해 주신 여러분, 진심으로 감사합니다. 함께 고민하고 성장하는 길에 동행해 주셔서 큰 힘이 되었습니다.

스스로 학습으로 도약하는 비밀

# 초등 아들 공부력

**1판 1쇄 인쇄** 2025년 5월 7일
**1판 1쇄 발행** 2025년 5월 28일

**지은이** 박선이
**펴낸이** 고병욱

**기획편집2실장** 김순란 **책임편집** 김지수 **기획편집** 권민성 조상희
**마케팅** 황혜리 권묘정 이보슬 **디자인** 공희 백은주
**제작** 김기창 **관리** 주동은 **총무** 노재경 송민진 서대원

**펴낸곳** 청림출판(주)
**등록** 제2023-000081호

**본사** 04799 서울시 성동구 아차산로17길 49 1010호 청림출판(주)
**제2사옥** 10881 경기도 파주시 회동길 173 청림아트스페이스
**전화** 02-546-4341 **팩스** 02-546-8053

**홈페이지** www.chungrim.com **이메일** life@chungrim.com
**인스타그램** @ch_daily_mom **블로그** blog.naver.com/chungrimlife
**페이스북** www.facebook.com/chungrimlife



**ISBN** 979-11-93842-33-1 03590